ANNE AKRICH

TRAITÉ DE SAVOIR-RIRE À L'USAGE DES EMBRYONS

roman

Julliard

Ouvrage publié sous la direction
de Betty Mialet

ISBN 978-2-260-03234-2
Dépôt légal : janvier 2018

À Abel
À Olivier

Avertissement

 # Woody Allen
On devrait vivre sa vie à l'envers. Commencer par mourir, ça éliminerait ce traumatisme qui nous suit toute notre vie. Se réveiller dans un hospice, puis se faire expulser pour bonne santé. Travailler, jusqu'à devenir assez jeune pour profiter de la vie. Faire la fête, aller au lycée, au collège. Puis devenir bébé. Passer neuf mois tranquille à flotter, avec chauffage central, room service, etc. Et pour finir, quitter ce monde dans un orgasme !

Mon amour, je sais ce que tu vas dire : Maman a un grain ! Un jeu de massacre, alors que je ne suis pas encore né ?

Ne t'inquiète de rien. Laisse-toi porter, en apesanteur dans le placenta.

Ceci n'est pas un livre.

Trois fois rien.

Un document préhistorique écrit dans la confusion des neuf mois que constitue une gestation humaine.

Il rassemble les impressions éparses qui précèdent la vie.

La tienne.

Mon chéri, ne t'offusque pas du ton que prendra parfois cette confession. Je sais que le discours qui accompagne la naissance d'un enfant est généralement empreint de tendresse. Positivité, bons sentiments : *Que du bonheur !*

Permets-moi de douter, mon ange, de cette allégresse surjouée.

On ne pose jamais les bonnes questions.

Qu'y a-t-il de plus agaçant que le cri d'un bébé ?

Naît-on de l'amour et de la nécessité ou du hasard et de la vanité ?

Si l'homme est un loup pour l'homme, ne serait-il pas plus intelligent de s'acheter un chien ?

Le siège du bonheur se situe-t-il dans les ovaires ?

Pourquoi les testicules ressemblent-ils tant aux deux hémisphères du cerveau ?

Mais surtout : Pourquoi fait-on des enfants et pourquoi les fait-on avec la personne avec laquelle on les fait ?

On expédie d'ordinaire le roman de la naissance en quelques formules éculées.

Nous nous aimions.

Nous voulions un enfant.

Nous voulions prolonger notre amour.

Et *paf*, merveille, nous t'avons eu.

Mais d'où vient le désir impérieux de se reproduire ?

De l'avis unanime, c'est une folie. Et pourtant, les humains continuent de faire un enfant, deux, parfois une douzaine. Par amour, par désir, par mimétisme, parce que nous sommes des structures biologiques qui tendent à leur propre conservation, par narcissisme, par lâcheté, par bêtise, par courage.

En enfantant, chaque femme pense être un génie bouleversant et accoucher d'une œuvre déchirante.

Les génies sont rares et tu ne déchireras que mon périnée ou mes entrailles.

Le monde a existé avant toi, il existera après ta mort. Et je crains qu'il n'y ait pas de réponse à cette question : Pourquoi les gens sains d'esprit font-ils des enfants ?

D'ailleurs, un enfant, je n'en voulais pas.

Ton père non plus. Mais alors, vraiment pas. Plusieurs fois il m'a répété : « Je préfère me couper un bras plutôt que de recommencer. »

Parce que tu as un frère et une sœur de vingt ans tes aînés.

Non, il ne te voulait pas. Est-ce la raison pour laquelle j'ai autant insisté alors que je pensais ne pas vouloir d'enfant non plus ? Te donner l'impression d'être né d'un caprice serait cruel.

Et pourtant.

Ton père et moi nous connaissons depuis deux ans et demi, nous vivons ensemble depuis plus d'un an, c'est peu sur l'échelle d'une vie, beaucoup sur celle d'un amour, a fortiori si l'on considère, comme le veut la doxa, que l'amour dure trois ans. Il nous reste donc six mois de bonheur à vivre et ta naissance sera le tombeau de notre amour.

Aujourd'hui, moi aussi, je m'apprête à aliéner ma liberté et il faudra bien que je te donne une explication un peu moins lénifiante qu'un simple « Papa a mis la petite graine dans le ventre de maman ». Je veux dire, une explication valable.

C'est pourquoi je me lance dans ce petit ouvrage, à la fois anti-manuel de grossesse, précis d'éducation et examen de conscience. Je veux te dire en vrac ce que je sais, d'où tu viens, ce que je te souhaite, ce qu'on tait d'ordinaire. Je veux te donner les armes pour affronter le monde ; à défaut, t'expliquer pourquoi et par quel trou noir tu te feras engloutir. Que tu comprennes quelles ont été les *circonstances* de ta naissance ; les conditions de possibilité de ton existence.

Laisse-moi te parler un instant de ceux qui te précèdent, t'expliquer comment deux spécimens atypiques de l'espèce humaine en sont venus à commettre un enfant… Toi !

Cupidon

 # Groucho Marx
Je n'oublie jamais un visage, mais pour vous je ferai une exception.

Reprenons les choses depuis le début. Tu dois ton existence à un homme, et pour te parler de toi, je dois te parler de lui.

Jean-Paul. Sans cet homme tu n'existerais pas.

Voici la scène telle qu'elle s'est à peu près déroulée. Ton père est dans son bureau avec lui.

— Écoute-moi bien, c'est la dernière fois que je te parle d'elle… la dernière !

— Ce n'est pas le moment, vraiment pas…

— Cette affaire tourne au grotesque. Depuis qu'elle t'a croisé, en haut des escaliers, elle ne mange plus, elle ne dort plus, elle me harcèle de textos, jour et nuit. En un mot, elle se meurt d'amour. Je t'en prie, appelle-la, abrège ses souffrances, déjeune au moins avec elle.

C'est de moi, ta mère, qu'on parle.

— Oh, arrête, que veux-tu que je fasse avec une gamine de vingt ans ?

Je n'en avais pas vingt, plutôt trente, mais tu verras que ton père a une conception du temps très approximative.

— Voilà son numéro : appelle-la, vois-la, déçois-la si tel est ton désir, mais fais quelque chose pour elle !

Ton père doit beaucoup à cet homme. C'est grâce à lui qu'il est devenu éditeur. Et bien que leurs personnalités soient aussi dissemblables que le sont les steppes arides de Sibérie des rivages de la Méditerranée, ils s'aiment beaucoup.

— Moi aussi je voudrais qu'on fasse quelque chose pour moi.

— Quoi ?

— Un cercueil.

— C'est invraisemblable, l'acharnement que tu mets à faire ton propre malheur ! Tu es vraiment juif... dans le mauvais sens du terme.

Ton père a souri. Force était de constater qu'à l'orée du dernier tiers de son existence, le bonheur avait toujours glissé entre ses doigts. La finalité de ses actions semblait bien plutôt être le malheur. Sa mise en scène, sobre et sans appel, lui convenait.

— Tu as cinquante-cinq ans, tu as du pouvoir et de l'élégance, tu es le plus bel homme de Paris, le meilleur éditeur de Paris, le célibataire le plus coté de Paris...

— Tu écris un guide touristique ?

— Cette fille est folle de toi, tu ne pourrais pas en profiter ?

— Tu imagines un peu comme je serais ridicule avec une fillette à mon bras ?

— Tu es le type le plus intelligent et le plus bête que je connaisse. Quel curieux mélange tu fais.

Depuis qu'ils se connaissaient, Jean-Paul avait tout fait pour sortir ton père de sa mauvaise fortune. Chaque semaine, il tentait de lui présenter des femmes. De riches héritières, de jeunes mannequins, des sportives de haut niveau, contorsionnistes ou dompteuses de tigres, ton père n'en avait pas trouvé une à son goût. À en croire Jean-Paul, elles étaient toutes folles de lui, guettées par une passion à côté de laquelle les souffrances de la religieuse portugaise n'étaient que du pipi de chat. Il faisait tout ce qui était en son pouvoir pour tailler avec style un habit de héros romantique à ton père, et faisait entrer dans sa vie une galerie de femmes aussi riches que désespérées.

— Profite de tes atouts ! Ça ne durera pas éternellement. Dis-moi que tu l'appelleras.

— Si tu promets de ne plus jamais m'en parler.

— Promis ! Un dernier conseil, avant que cette histoire ne commence…

— Je t'écoute.

Même s'il feignait l'impatience, ton père se délectait. Il ne savait jamais à quelles extravagances Jean-Paul allait se livrer. Il écoutait, le souffle court, attentif aux retournements de situation et aux chutes des histoires de son ami. C'était une des dernières personnes à le faire rire. Un rayon de soleil dans sa journée : l'entrée de Jean-Paul dans son bureau et ses élucubrations. Il était inattendu et tarabiscoté. Drôle à mourir. Écrivain égaré dans ses fictions, il avait fait de sa vie un roman et de ses amis des personnages d'intrigues complexes. Son esprit semblait constamment vagabonder dans un palace décati de la Riviera italienne et ses histoires bruissaient de verres de cristal et de colliers de perles. La peau des femmes était de velours, elles étaient cruelles et menteuses, prostituées ou morphinomanes, esclaves ou comtesses. L'une avait été la maîtresse de Robert Redford quand l'autre était une partouzeuse de génie. Un esprit d'Ancien Régime dans un corps de dandy, la raquette de tennis bronzée en toute saison.

Quelle chance. Quand la plupart des mortels ont des compagnons de route au prosaïsme atterrant, Jean-Paul avait le don d'enchanter la vie par des monologues dont la poésie n'avait plus grand-chose à voir avec le réel. Toute ressemblance entre la vérité et les chroniques qu'en faisait Jean-Paul devenait purement fortuite.

— Le problème, parce qu'il y en aura un, ce n'est pas son âge, non, le problème c'est qu'elle voudra un enfant. Elles en veulent toutes. Au début, bien sûr, elle te dira, Non, moi les enfants, je n'y pense pas, puis, Je n'y avais jamais songé, mais maintenant… avec toi… et puis ça devient, Je veux un enfant de toi et ça s'achève en : Si tu ne me fais pas d'enfant, c'est fini. Là c'est pénible, j'en sais quelque chose. Quand elle pleurera, garde bien à l'esprit que ce sont toutes des menteuses. Elles savent ce qu'elles veulent avant même de nous avoir rencontrés. Leur cerveau reptilien manœuvre depuis leur enfance pour les faire accoucher. Esclaves de leur matrice... Alors là, mon cher ami, j'ai une seule solution pour toi. Tu dois dès à présent, avant même de l'appeler, prendre tes dispositions pour faire congeler ton sperme. Je te donnerai l'adresse du laboratoire, ils te feront des paillettes qu'ils te garderont bien au froid. Et ensuite, vasectomie, sans états d'âme.

— Mais... Pourquoi faire congeler mon sperme, alors ?

— On ne sait jamais. Tu ne vas quand même pas te stériliser tout court ! Il faut que tu aies une porte de sortie et qu'elle n'ait aucun moyen de te faire un enfant dans le dos. Quand elle te réclamera une progéniture, tu lui expliqueras que tu ne peux pas, que tu as été victime d'une grave maladie, et tu gagnes du temps. Elles n'ont que ça, du temps, tu peux bien leur en prendre un peu.

Tu vois comme le sujet de ta naissance est arrivé sur le tapis avant même la rencontre de tes parents.

Pendant un instant, ton père avait oublié son existence pour endosser le costume d'un des personnages solaires de Jean-Paul et c'est douloureusement qu'il lui fallut revenir à sa vie de lourdeurs et de contraintes.

Sûr d'une chose. Quelque part, une jeune femme se mourait d'amour pour lui.

Mensonge, tu l'auras deviné. Mais il fallait bien que les flèches trouvent un angle bizarre pour transpercer le cœur de ton père.

En haut des escaliers

 # Nietzsche
Les mêmes passions ont, chez l'homme et la femme, un rythme différent ; de là, entre eux, des malentendus sans fin.

Je dois te raconter à présent comment les choses se sont déroulées, de mon point de vue. En haut des escaliers. C'est là qu'a eu lieu notre première rencontre.

Il y a quelques années, je cherchais à faire publier le premier manuscrit que j'avais écrit et je l'ai envoyé à la maison d'édition que ton père dirige. Je n'étais personne, je ne connaissais personne. Jean-Paul a lu mon manuscrit, il l'a aimé, il m'a convoquée au siège de la maison d'édition avant que mon texte ne passe en comité de lecture. Ce jour-là, je m'y suis donc rendue, tremblante, et j'ai monté les marches. En haut des escaliers se tenait ton père, le patron, le type chic et inapprochable. Il a fondu sur moi et m'a gentiment serré la main. Ensuite, j'ai continué mon chemin jusqu'au bureau de Jean-Paul.

Trente secondes d'échanges de politesses et de sourires.

C'est bien trop plat, tu l'admettras toi aussi, et Jean-Paul n'allait pas laisser le réel l'emporter sur la dentelle de fiction qu'il avait bien l'intention de broder.

Mon manuscrit a été refusé.

Ton père a dit, en comité de lecture, l'après-midi de cette rencontre au sommet des escaliers :

— Qui a écrit ce manuscrit dont vous me vantez les mérites ? La jeune femme que j'ai croisée tout à l'heure ?

— En chair et en os.

— Ah non les enfants, soyez raisonnables, on n'est pas une agence de mannequins !

Voilà donc la triste vérité : banalité, suivie de grossièreté. On n'était vraiment pas partis pour la grande histoire d'amour.

Et pourtant…

Jean-Paul décroche son téléphone et me dit :

— S'il a refusé votre manuscrit sans l'avoir lu, c'est qu'en réalité… il est tombé follement amoureux de vous. *Love at first sight*, dans les escaliers. Il est amoureux et, en parfait masochiste, il se punit. C'est un homme exceptionnel… mais bizarrement constitué. Pas vraiment fait pour le bonheur. Mais nous allons changer ça ! Ensemble !

Je n'y croyais pas un instant, mais je m'amusais beaucoup. Pendant des mois, Jean-Paul m'a écrit pour se faire le relais de l'amour imaginaire que ton père était supposé ressentir pour moi.

— Je lui ai donné vos coordonnées. Il va vous écrire. À vous deux d'être intelligents à présent.

Après quelques semaines :

— Quoi ? Il ne vous a pas écrit ?

— Non, rien…

— Comptez sur moi. Je vais faire tomber sur vous une pluie de bonheur. Vous serez la personne la plus comblée au monde. Vous verrez… Vous serez si heureuse que le jour où vous mourrez, c'est à moi que vous penserez, toute cette joie que vous me devrez, c'est ce qu'il restera le jour du jugement dernier.

Je voue depuis ces premiers mois une affection sans limites à Jean-Paul. Même si je ne croyais pas à ce bonheur qu'il me promettait, je lui étais reconnaissante de me faire autant rire.

Ce que je n'imaginais pas, c'est que, concomitamment, il servait à ton père, heure après heure, semaine après semaine, la même fable symétrique, pour le convaincre de m'inviter à déjeuner.

Ce que ton père, fraîchement séparé d'une femme, a fini par faire…

En double-aveugle

 # Groucho Marx
J'ai passé une excellente soirée... mais ce n'était pas celle-ci.

Ton cher papa n'attendait rien de ce déjeuner, si ce n'est être déçu, ennuyé, de perdre son temps, lui qui en avait si peu. Et puis, il avait honte. Honte de se dédoubler, de se voir aux côtés d'une jeune femme, d'être aussi ridicule que tous ces types cherchant désespérément un moyen de ne pas vieillir.

Quand il m'a vue arriver, tout lui a déplu en moi. Ma jeunesse, ma peau, mes mains. Mais ton père est, sous ses airs de faux cul intergalactique, un séducteur patenté.

— J'ai deux heures pour vous décevoir.

— Me décevoir ?

Je ne compris pas. J'ignorais ce que lui avait raconté Jean-Paul. Lui pensait, avec l'évidence de sa fatuité, que je l'aimais. Je n'imaginais pas qu'il était fou de moi, mais je ne m'attendais pas à ce qu'il soit aussi brutal.

J'étais terrorisée, j'avais les mains moites, je n'arrivais pas à articuler un mot. Il parlait beaucoup, vite, me posait des questions.

Et deux combats s'engageaient dans nos cerveaux respectifs.

Un homme comme lui et une fille comme moi.

Il pensait : Un homme comme moi, vieux, divorcé, élevant seul ses enfants. Une fille comme elle, jeune, belle, sûre de ses moyens, riche, descendante d'une lignée de sultans perses.

Je pensais : Un homme comme lui, un puissant, un héritier. Une fille comme moi, une souillon, une à côté de la plaque, une pauvre, une sans atouts.

Nous ne nous sommes pas plu. Pas du tout. Je l'ai trouvé misogyne, imbu de lui-même. Lui m'a trouvée poseuse, une gamine qui le regardait comme un faon pris dans les phares, une capricieuse, une *Jewish princess*, réservée et sûre d'elle, lui offrant un pot-pourri d'attitudes indéchiffrables, le laissant sur une certitude : il était trop vieux pour moi. Nous n'avions rien à faire ensemble.

Nous n'aurions jamais dû nous revoir.

Mais une fois encore, les talents d'acrobate de Jean-Paul tombèrent à pic.

— Alors ?

— Elle est vraiment trop jeune pour moi, ça n'a pas de sens.

— Mais elle t'a plu ?

— Trop belle, trop jeune, je te dis, timide, les mains moites, non, pas possible.

— Je te dis qu'elle t'aime. Elle est orgueilleuse, jamais elle ne te l'avouera.

— Je n'ai plus l'âge pour ces vaudevilles. Je suis fatigué.

Aussitôt, Jean-Paul m'écrivit un texto :

Si vous le voulez, il est à vous.

La différence d'âge, 1

 # Lana Del Rey
I fucked my way up to the top...

Comme tu l'auras compris, le principal obstacle à notre association, dans l'esprit de ton père, était notre différence d'âge.

— Ils sont risibles !

— C'est une autiste...

— J'ai peur qu'elle ait un déficit d'intelligence... je veux dire scientifiquement prouvé... quelque chose à voir avec (*à voix basse*) un QI en dessous de la moyenne.

— C'est une arriviste.

— La *wanabee* écrivain et l'éditeur, un comble.

— Qu'est-ce qu'il fait avec cette gamine ?

Autant de pépiements qui ont accompagné les premiers temps de notre amour.

Qu'est-ce que je fais avec elle ?

Cette question, ton père se l'est beaucoup posée. Je vais même te faire une confidence : en ces temps immémoriaux, il avait honte. Il crevait de honte.

Il rasait les murs. Je le sentais se raidir à chaque fois que je lui prenais le bras. Humbert Humbert et sa Lolita. Les êtres se prennent facilement pour le centre du monde, et ton père ne déroge pas à la règle. Difficile de lui faire entendre que les gens sont trop occupés à se positionner eux-mêmes au centre du jeu. Ils émettent des jugements rapides, comme on mange un burger chez McDo, mais à la fin de la journée, quand ils ferment les yeux, c'est eux-mêmes qu'ils voient en trois dimensions, en gros et en couleurs, les autres rapetissent, se ternissent, finissent tout bonnement par disparaître. Alors oui, j'ai dit à ton cher papa : « On s'en bat la race ! » L'expression ne lui était pas familière. Il a cru que c'était une insulte. La différence d'âge s'exprime le plus clairement dans la différence de langage.

Ton père avait mis au point, avant de me connaître, une théorie sur le fossé générationnel qui le séparait des jeunes gens. Il existait selon lui un mur de Berlin culturel, et les gens comme lui, les Allemands de l'Est de la connaissance, étaient bloqués dans une parcelle de terre sans aucune vue sur l'extérieur. La théorie était la suivante : Tous les jeunes sont bisexuels, regardent du porno, ne lisent plus de livres. Ils n'ont jamais froid, se baladent en tee-shirt qu'il pleuve, qu'il neige ou qu'il vente. Des amphibiens. Des serpents. Ce n'est pas du sang qui coule dans leurs veines, c'est de la fibre optique. Ils commencent toutes leurs phrases par des :

— Non, mais moi, chuis quelqu'un qui… Ouais mais moi chuis une personne qui…

Et les finissent invariablement par des :

— Pas de souci.

Tout et tout le monde est toujours « en mode ».

— Non mais laisse tomber, il est en mode grave vénère.

— Ouais, moi aussi, en mode pétage de plombs, grave.

Lorsqu'ils interpellent, ils font usage du « avoue » sans distinction.

— Avoue qu'il est trop beau le nouvel iPhone !

Et quand ils ne savent pas quoi répondre, ils avouent d'autant plus volontiers.

— Il fait beau, t'as vu ?

— J'avoue.

Adieu le « très », ce n'est plus assez, maintenant c'est « trop ». Trop bien. Trop beau. Trop con. Ou alors « grave ». Grave beau. Grave bien. Grave chiant. Ou bien « de ouf ». Elle est bonne de ouf. Le raisonnement s'étire des prémisses du « À la base » jusqu'à la chute du « Au final ». « Après » tient lieu de connecteur logique universel.

— Je vais bien, après, parfois pas tant que ça.

— Chuis quelqu'un d'honnête, après, on peut pas en dire autant de tout le monde.

Adieu les « donc », les « conséquemment », « dès lors » et autres trésors de la langue française : la nouvelle génération passait ses journées à creuser des tombes. Les jeunes étaient des fossoyeurs de génie.

Mettant en bière avec une facilité déconcertante les négations, les subjonctifs, les explétifs, comme des cancrelats atteints d'Alzheimer qui auraient vécu beaucoup trop longtemps sur la surface de la terre et que tout le monde verrait partir avec soulagement. Ils ne se donnaient aucun mal pour enterrer ce que lui et les siens avaient lutté pour circonscrire, apprendre et étoffer, le français n'était plus que l'outil fortuit qu'on employait pour rédiger des tweets.

Voilà d'où on partait. Il me voyait comme une « jeune ». Et dans sa bouche, autant te dire que c'était une insulte qui valait un bon vieux « raclure de fond de bidet ».

Quant à l'entourage, il postulait que j'étais nécessairement intéressée.

Mais aurais-je été si intéressée si ton père n'avait pas été si intéressant ?

Voilà une question qu'ils ne se sont pas posée.

Sur l'échelle de Richter du ridicule, on frisait le 9.

— La malheureuse, elle veut écrire et elle se dégote un éditeur. En plus elle a trente ans de moins que lui.

Imagine, c'est comme si j'étais une actrice qui n'avait fait que des courts-métrages et que je tournais autour du Toscan du Plantier des années 2010. Ou une chanteuse de bar qui entreprendrait le président de Sony Music. J'étais soupçonnable du pire. Normal. Je cumulais les tares, il faut bien le dire.

Ton père savait que sa relation avec une jeune femme anéantirait une frange entière de la population féminine : celles de plus de quarante ans, fébriles, incertaines pour les meilleures, aigries et pleines de fiel pour les pires, qui voyaient dans cette préférence pour la jeunesse une sentence de mort ; un coup fatal pour les meilleures ; pour les pires un coup bas, un signe de la vilenie masculine, de la dégueulasserie des mâles, tous des salauds, une femme une vraie ils ne savent pas ce que c'est, ils préfèrent une idiote, une bécasse qui dira oui à tout, les regardera avec des yeux vides et béats, une fille qui dit « C'est clair » à longueur de phrases et qui n'a de dextérité que pour les selfies.

Toutes les amours, bien sûr, sont conditionnées, certaines personnes font mine de ne pas le savoir, mais il y a dans ce conditionnement particulier – celui qui unit un homme d'âge mûr et une jeune femme – quelque chose de parfaitement inacceptable. Un conditionnement sous vide qui n'a vocation qu'à reculer la date de péremption d'un gigot. Voilà, les hommes deviennent des tas de viande et les jeunes filles, des bouts de plastique.

Que les raisons qui lient deux êtres puissent être délicates et mystérieuses est une idée répandue, mais celles, singulières, qui lient un homme d'un certain âge et une jeune femme perdent tout caractère sacré : elles deviennent évidentes, transparentes, et avilissantes pour les parties concernées.

Chacun préfère croire qu'il aime pour des raisons nobles, envers et contre tout, avec grandeur, avec passion, en dehors des normes ; qu'il pose les yeux sur un être et que ce regard va suspendre son existence sur un fil absolument singulier et unique ; qu'il devient ainsi le personnage de la plus grande histoire d'amour ayant jamais vu le jour, capable, par essence, d'éclore hors-sol, abreuvée uniquement de pleurs et de jouissance, éprouvant des sentiments jamais éprouvés auparavant.

L'homme âgé et la jeune femme sont des coupables.

Nous voilà donc, ton père et moi, devenant des parias, des pantins, victimes de leurs névroses, de son entêtement à ne pas mourir pour l'un, à ne pas accepter de voir mourir son père pour l'autre.

Nous réduisions l'amour à son expression la plus pauvre, la plus vulgaire. Tout le monde voyait clair dans notre jeu. Personne ne voulait être le témoin d'un spectacle aussi sordide.

Ton père était lui-même en proie à ces pensées, croyant extraire le suc pathétique de ces visions de jeunes femmes pendues au bras des vieux messieurs. Il s'était dit mille fois : Très peu pour moi, un peu de décence, sans façon, bouleversant de pornographie, infect, tiens, voilà un cadavre et une charognarde, un spectre et une hyène, sourire éclatant et couilles pendantes, il y a des hôtels pour ça, pouah !

Voilà comment ton père était bien décidé à ne pas succomber.

L'amour pour lui n'était jamais uniquement de l'amour. D'autant que le mien allait rapidement friser l'hystérie.

— Évidemment que nous sommes risibles. Regarde-nous !

Il voyait l'amour comme l'amorce d'autre chose, l'amorce d'une exploitation, d'un esclavage, d'une dépossession. D'une décomposition. L'amour mortifère. Celui qui agit sur l'être comme la mort sur le cadavre. Je n'allais pas le revitaliser, j'allais l'embaumer.

Très peu pour lui.

Mais c'était compter sans la force de persuasion de ta chère mère.

La première fois

 # Woody Allen
L'amour est profond. Mais le sexe ne mesure que quelques centimètres.

Quelques semaines après ce déjeuner mémorable, et probablement par ennui, ton père me proposa, à brûle-pourpoint, d'aller à la campagne. J'étais terrorisée. Quelle campagne ? Où ? Avec qui ? Je craignais pour ma vie. Je l'ai suivi dans sa voiture, en route vers une campagne inconnue. Nous nous dirigions en fait vers sa maison des Yvelines. À tout moment je m'attendais à ce qu'il me découpe en morceaux. Il était nerveux, agitait bizarrement les mains, puis il me dit avec une tension certaine en pointant du doigt la boîte à gants :

— Ouvrez, ouvrez !

Là, je retins ma respiration. J'avais vécu vingt-huit années et j'allais me faire assassiner dans une voiture sale à la boîte de vitesses mal huilée. On allait retrouver mon corps au bord de l'autoroute. Personne ne savait avec qui j'étais. Ton salaud de père allait s'en sortir. Que faire ? Crier ? J'ouvris la boîte en fermant les yeux, voyant défiler les épisodes agréables de ma trop courte existence. Une plage à Tahiti. Un thé aux amandes à Tunis. Mon premier baiser. Un ragoût de poulpes en Sicile.

— Attrapez le sachet en plastique !

Ton père s'impatientait. L'heure était venue de la scie et du tournevis, de la faucille et du marteau.

Je pris le sachet en plastique et le lui tendis. Il était rempli de bonbons. Ton père y plongea avidement la main et engouffra dans son gosier plus qu'une bouche ne pouvait contenir de sucreries.

Il respira à nouveau.

Moi aussi.

Son pic d'insuline grimpa en même temps que mon rythme cardiaque ralentit.

— Et vos parents, que font-ils ?

Je découvrais l'addiction de ton père au sucre. Cet homme perçu comme un type sinistre ou sérieux était en réalité un jouisseur contrarié.

Malgré cet épisode inaugural sucré, il m'a fallu quelques années pour percer son mystère, son *rosebud*, le cœur de sa personnalité. Même si, entre toi et moi, ce qui se passe dans la tête des gens demeure un mystère aussi insondable que les pensées de celui qui a inventé les chips goût poulet grillé.

Les gens pensent livres, honneur, droiture, intelligence.

Mais moi, je sais.

Je sais qui il est.

Je sais ce qui l'habite plus que tout autre chose.

Le sucre.

Ce qu'il y a dans la tête de ton père, c'est un gros paquet de bonbons.

On ne peut pas croire que sa personnalité soit entièrement tendue vers tout ce qui ressemble à une confiserie. Et pourtant.

Et je peux dès à présent te dire ce qu'il y a dans la mienne : un poulpe. Te voilà donc avec un père qui a du glucose dans le crâne et une mère un gros invertébré.

Mais revenons à cette première fois.

Je n'étais pas rassurée. Dans la maison, je sursautais dès qu'il me frôlait pour allumer une lumière. Moi tremblante, mais résignée en somme à ce qu'il sorte son couteau, lui s'attendant à trouver un dragon qui proférerait des obscénités et cracherait des flammes. Ses copains lui avaient dit :

— Non, mais cette génération, c'est pas comme nous. Ils ont été biberonnés au porno. Les filles ne connaissent pas encore ton prénom qu'elles te réclament une double péné.

La perspective des sextos laissait ton père interdit. Cette pratique crue, de quelques mots, sans filtre, sans transition, sans dorures, le laissait pétrifié. Il m'associait à une classe d'âge qui n'avait pas froid ni aux yeux ni aux mots. À son époque, on faisait les choses sans les nommer, ce qui était l'assurance de conserver un minimum de dignité.

Après le traditionnel et nécessaire déshabillage, les baisers et caresses de rigueur, je revois le visage horrifié de ton père me regardant.

— Vous saignez !

— Comment ça ?

— Votre visage…

Son effroi à ce moment-là : Elle ne se contente pas d'être jeune, c'est un jeune vampire.

Je suis allée me regarder dans un miroir et mon visage était en effet maculé de sang. Mais aucune trace de plaie. Je suis retournée voir ton père.

— Ce n'est pas moi, c'est vous !

— Comment ça ?

— C'est vous qui saignez du nez…

— Ça m'étonnerait beaucoup, je ne saigne jamais du nez !

Ton père avait projeté d'être bizarre jusqu'au bout.

Mon chéri, sache que derrière chaque grande émotion se cache un problème de coagulation, et que le ridicule est un terreau originel aussi fertile que la passion. Sur un malentendu, la passion du ridicule peut parfois se transformer en passion tout court. N'oublie jamais qu'un amour tardif sera d'autant plus violent qu'il sera sournois.

La suite ne te regarde pas, mon amour. Et ton père déploie tellement d'efforts pour se faire passer pour un pur esprit que je m'en voudrais de trahir la botte secrète de son corps. Sache seulement que cet intellectuel camoufle un sensuel et ce cérébral un jouisseur.

Le musc ravageur
et autres effluves du passé

 # Électre
Je les hais d'une haine qui n'est pas à moi.

L'embêtant dans une histoire d'amour, c'est qu'elle arrive toujours après la bataille. Sauf la première. Et quand tu aimes un homme qui a traversé cinq décennies, la liste des fantômes du passé s'allonge.

Je m'en suis rendu compte très vite avec ton père. À peine avions-nous passé une nuit ensemble qu'il m'offrit un cadeau. Un parfum sobrement intitulé *Musc ravageur*. Il m'expliqua qu'il venait de le sentir sur une femme dans une soirée, le trouvait exquis, et qu'il lui avait fait penser à moi.

À moi ?

Je ne suis pas soupçonneuse, mais j'ai très vite décelé l'inclination à la sournoiserie machiavélique de ton père. D'une droiture frôlant la psychose dans tous les compartiments de la vie… sauf avec les femmes. En ouvrant un placard dans la salle de bains de sa maison de campagne pour chercher du coton, je tombe nez à nez avec un autre flacon de ce même parfum. Dans son appartement parisien, pareil. Il y a du *Musc ravageur* dans tous les coins. L'affreux salaud ! Avec sa collection de têtes réduites dans ses tiroirs, ce musc lui permettait de faire le lien entre toutes les femmes de sa vie. Histoire de ne pas se sentir dépaysé. De rester en terres connues. D'être fidèle à sa façon. Tout le monde devait être parfumé à la même enseigne. Ton père vit dans le passé. Que veux-tu, c'est comme ça.

Par paresse, par vantardise, que sais-je, il fera venir ses ex badigeonnées de « musc ravageur » *in situ*, chez nous. Pourquoi aime-t-on les gens, mais surtout comment a-t-on pu les aimer ? Question d'autant plus abyssale quand il s'agit des personnes qui t'ont précédée dans le cœur de l'être aimé.

Tu verras, mon amour, que le cœur a ses raisons que la raison ignore et que la jalousie réprouve. Pourquoi cette personne ? Comment est-ce possible ? Savoir que ton père avait aimé ces femmes, c'était comme découvrir qu'il avait fait partie des Jeunesses hitlériennes. Une erreur de jeunesse ? Un embrigadement ?

— En fait, tu es un homme « à genre ».

— Pardon ?

— Tu as un genre, la blonde, elles se ressemblent toutes et surtout elles ressemblent toutes à ta mère. La matrice… Tu sais, ça se soigne, il y a des spécialistes pour régler ce genre de problèmes.

— Ma mère est brune…

— Tu devrais quand même appeler ton médecin traitant.

On peut considérer que la jalousie envers le passé est la forme la plus stupide que peut prendre la jalousie, qui n'est déjà pas une preuve d'embonpoint de matière grise. Mais… c'en est aussi la forme la plus évidente, la plus compréhensible, la plus saine. On a sous les yeux la preuve de ce qui a existé avant. On devient voyeur du passé qui s'étale. On hait l'être aimé pour ce qui l'a rendu malheureux et on le méprise pour ce qui l'a rendu heureux. Le spectacle est désolant.

Tu trouveras toujours de bonnes âmes pour raisonner : c'était avant, et puis tu aimes cette personne aussi grâce à toutes les histoires qui l'ont constituée, le passé ne t'appartient pas…

Si on savait se mêler de nos affaires, ça se saurait.

Mais il paraît que nous sommes des êtres civilisés. Alors on s'entend dire :

— Elle est sympa ; elle est très belle ; ah oui, oui, je comprends ce qui t'a attiré ; elle est pas banale ; elle aime la vie… Cela dit, ça doit te faire bizarre !

— Quoi ?

— D'être aujourd'hui avec une femme qui t'est supérieure en tout.

— Oh, tu sais…. On s'habitue…

Récréation, est-ce que j'ai une gueule de récréation ?

Les Liaisons dangereuses
Voilà bien les hommes ! Tous également scélérats dans leurs projets, ce qu'ils mettent de faiblesse dans l'exécution, ils l'appellent probité.

Après la première fois, il peut y en avoir une deuxième. Ou pas. Si tu es là où tu es aujourd'hui, tu t'imagines bien la suite. Mais ça a pris un temps considérable. Ton père n'en voulait pas. Ni de deuxième ni de troisième. Il tournait et retournait ses pensées dans sa tête. Il fallait en découdre. Ne pas me laisser m'installer dans son existence. Et toutes ces emmerdes au boulot.

Jean-Paul était face à lui.

— Mon vieux, tu as une sale tête. Tu l'as revue ?

— Pourquoi tu dis ça ? Non… Non, je t'ai dit, je n'en veux pas, une gamine…

S'il se confiait à Jean-Paul, le monde entier saurait que lui, ton père, n'était qu'un bouffon tragique. Vite, changer de sujet !

— Formidable ton article de cette semaine dans *Le Point*. Quel talent tu as… Et cette citation de Henry James, parfaite !

— D'autant plus parfaite que je l'ai inventée !

— Comment ça ?

— Mes citations sont souvent meilleures que les originales, que veux-tu…

— Et pourquoi James ?

— Il a tellement écrit… et puis les traductions… Tu sais, c'est facile, quand j'invente des citations je choisis soit Henry James, soit Hermann Broch… Trouve-moi une seule personne qui ait lu *La Mort de Virgile* et qui puisse vérifier….

— Mais…

— Et les poèmes de Char… Si tu savais combien sont de moi !

Ton père avait le sentiment que Jean-Paul devenait chaque jour plus baroque, les motifs se complexifiaient, les couleurs s'intensifiaient, c'était mieux que du Technicolor, la vie avec Jean-Paul.

— Et…

Jean-Paul prit l'air grave qui devait accompagner les grandes déclarations. Il baissa le regard, observa les chaussettes de ton père, et tendit son bras dans une attitude solennelle copiée sur une description de *La Guerre des Gaules*.

— Tes chaussettes, mon vieux ! Tu devrais savoir qu'elles ne sont pas supposées laisser apercevoir la chair de ta jambe. Regarde-toi, le mollet à l'air… Un beau fil d'Écosse, voilà ce qu'il te faut… Tu ne peux pas te laisser aller comme ça. Déjà que tu fumes une cigarette électronique… Je ne vais pas te laisser sombrer dans tous les domaines.

Ton père riait en regardant ses mollets blancs.

— Tu as raison… mon fils me pique mes chaussettes.

— Tu sais qui m'a inculqué les règles vestimentaires élémentaires ?

— Ton père ?

— Absolument pas. Alexis de La Patellière. J'ai fait mon éducation grâce à lui… c'était le genre de type qui te regardait dans les yeux et te demandait si tu étais déjà descendu à Saint-Tropez en Ferrari. Si tu répondais non, il passait te prendre dès le lendemain et traversait la France avec toi, cheveux au vent.

Ton père riait, mais il était tendu.

Il ne fallait surtout pas que je m'imagine des choses. Ce n'était pas parce que nous avions passé une nuit à la campagne ensemble qu'il allait demander ma main. Et comme tous les masos à tendance autoflagellation, refusant toute forme de reproche, coupable, innocent, ce n'est pas de ma faute, je n'ai rien à me reprocher, donnez-moi un bâton, pardon, merde alors, je vous ai rien promis, foutez-moi la paix, ton père devint agressif.

Il demanda à me voir.

Je l'invitai chez moi, cette fois-ci.

Et quel chez-moi !

J'habitais alors dans un sous-sol prêté par mes amis Jacques et Rarahu, rue Tesson, à la station

Goncourt. Un vrai sous-sol, avec une petite lucarne donnant sur la rue, ancienne cave de cette usine transformée en beaux lofts.

J'y ai donc fait venir ton père.

À ce moment il s'imaginait encore que j'étais une héritière libanaise.

Et quand il sonna, je lui dis :

— En dessous, non, encore en dessous.

L'ultime cercle des Enfers.

Il se dit : Elle est maligne, elle va me faire croire qu'elle vit ici, avec des fils dénudés, une fuite et des néons cassés. Elle a dû louer ça pour l'occasion, tester mon intérêt pour elle. Elle doit en avoir marre que les hommes en veuillent à son argent.

Ce genre de malentendu m'arrive régulièrement. Les gens pensent que je porte de la soie Yves Saint Laurent alors que je n'ai jamais eu dans mes placards que du polyester de chez H&M.

Je l'embrassai en lui disant que j'étais heureuse de le revoir.

— Ah non ! Pas de ça entre nous ! Je suis venu vous dire que ce n'est pas possible.

— Quoi ?

— Ça ! Nous !

À mesure qu'il parlait, il se déshabillait.

— Pourquoi êtes-vous là, alors ?

— Pour vous faire plaisir.

Il était nu.

— De la charité ?

— Du plaisir !

À mesure qu'il m'embrassait, il déroulait son discours.

— Voilà, n'attendez rien, ne me comptez pas dans l'équation, n'envisagez notre relation que sur le mode récréatif.

— Pardon ?

— Une RÉ-CRÉ-A-TION !

Là, je ne savais pas s'il criait de plaisir ou d'agacement.

— J'en aime une autre... Voilà ! Je suis follement amoureux d'une femme... et... et vous n'êtes rien pour moi. Qu'une ré-cré-a-tion !

Je me dis que c'était sûrement une lubie. Il avait sans doute besoin de répéter « récréation » pour s'ambiancer. Il avait dû se passer des choses qui m'échappaient dans la cour d'école, en mode bien régressif, en mode Jean-Jacques Rousseau et sa fessée, que sais-je. Je suis très familière de la bizarrerie des hommes. Je ne rechigne jamais au saugrenu. Je ne juge pas, récréation ou pas. Alors, je l'encourageai :

— Oh oui, récréation ! Récréation !

— Écoutez, je vous dois la vérité. Je porte déjà de trop lourds bagages. Je ne peux pas vous prendre en charge.

Après notre longue récréation, il ferma les yeux, exténué par tant d'honnêteté.

Je lui caressai les cheveux, et il s'endormit en me disant :

— On ne sait jamais où vous mène la tendresse des autres.

— Je comprends. Vous ne voulez pas être pris dans le rêve d'une jeune femme. Dormez tranquillement.

La vieille maîtresse

 # Woody Allen
Je ne crois pas aux aventures extraconjugales. Je crois que les gens devraient rester ensemble toute leur vie, comme les pigeons. Ou les catholiques.

Ton père avait donc décidé de me couper la tête.

Fini, avec la gamine !

Une récréation et rien d'autre.

Si je reprends la chronologie de notre histoire, il se rétractait comme un bernard-l'hermite dans sa coquille et, pour ne pas craquer, il remit le couvert avec sa vieille maîtresse. Celle qu'il avait aimée à trente ans, bien avant son mariage et aussi bien après.

De mon côté, j'étais partie me réfugier à Tahiti pour célébrer les fêtes de fin d'année avec les miens.

Je te raconte cet épisode pour que tu voies comme les événements et les contingences de l'existence se succèdent, se superposent, meurent, renaissent, pour former un tableau plus ou moins cohérent.

Pour ne pas penser à moi, pour ne pas penser que sa vie était simplement ça, une succession d'obligations, de réunions parents-profs, une bouffée de shit dans le regard de ses enfants, une brume, un brouillard mélancolique, ton père sombra de nouveau dans le passé. Dans une femme. Comme une épave. À côté de leur histoire, la tragédie du *Radeau de La Méduse* avait été une croisière cinq étoiles. Ils pouvaient se targuer d'avoir un nombre record de ruptures et de réconciliations. Se quitter, se rabibocher, se séparer à nouveau. C'était un gag d'outre-tombe. Une plaisanterie posthume.

À ses amis qui l'encourageaient à s'extraire de cette relation, il avait dit : « Cette fois, c'est la dernière. » La vérité était tout autre. Il se languissait de la fournaise. Il voulait redevenir celui qu'il était à trente ans et expier.

Mais la machine à remonter le temps s'était détraquée, elle ne produisait plus que du manque. Ils étaient entrés dans une boucle, un mouvement perpétuel de consolation et de perte, qui les berçait. C'était le rythme magique de leur existence. Les « Nous vieillirons ensemble » se nourrissaient de « Nous ne vieillirons pas ensemble », tant et si bien que pour s'aimer, il fallait se maudire.

Ton père savait que le drame dont il était le héros était devenu aride. Il savait que ces simagrées n'étaient plus de son âge. Il savait que l'énergie qu'il déployait en pure perte était extravagante. Il savait qu'un jour, ça devrait s'arrêter. Mais, faute de mieux, il décida de continuer encore un peu à trouver son plaisir dans son malheur.

Il la rejoignit pour dîner. Ils s'embrassèrent et ce fut délicieux.

— Et si nous partions en vacances ?

— Oh oui, quel bonheur, la plage, la mer…

— Et si nous partions tous ensemble, avec les enfants ? Nous irions tous les sept à…

Elle se braqua. Sa voix se métamorphosa. Les reproches commencèrent à percer. Le ciel était sur le point de s'obscurcir. Elle n'avait aucune envie de mélanger ses enfants aux siens. Elle avait passé sa vie à élever ses fils avec rigueur et fermeté et constater le laxisme de ton père la mettait dans un état de fureur. Les enfants, voilà le cœur de la bataille qu'ils se livraient. Les enfants qu'ils brandissaient entre eux pour se battre et se défendre.

La suite du dîner était prévisible.

Ils étaient deux amants empêchés, il voyait la scène pour ce qu'elle était, un mauvais remake d'un mauvais film.

Ils se quittèrent en se disant qu'ils n'y arriveraient pas.

— Je suis désolé de ne pas te rendre heureuse.

— Non, c'est moi qui n'arrive pas à te rendre heureux, pardonne-moi.

— Non, c'est moi…

Ils se disputaient l'exclusivité de leur incapacité mutuelle à trouver une harmonie, tenant mordicus à être celui par lequel le mal arrive, à être l'artisan du malheur, le responsable de l'échec. C'est ma faute ! Non, c'est la mienne ! Ils jouissaient du mal qu'ils étaient encore capables de causer à l'autre, il fallait bien que l'un souffrît plus que l'autre et que tout le monde le sût. Ils prirent la décision de ne jamais se revoir.

Jusqu'à la prochaine.

En rentrant, ton père brava d'un coup d'un seul plusieurs interdits. Celui, obscène, des vœux de bonne année, celui du vulgaire tutoiement et celui, dégoûtant, de la déclaration. Il fit ce qu'il put avec ses faibles moyens et m'écrivit :

Ma douce, je te souhaite une merveilleuse année. Je t'attends à Paris.

Sous le soleil de Satan

 # Maurice Pialat
Si vous ne m'aimez pas, je peux vous dire que je ne vous aime pas non plus.

C'est à Tahiti, dans l'absence, que notre histoire d'amour a donc vraiment commencé. Et c'est de cette île, où mes parents et l'une de mes sœurs vivent encore, que je dois te parler à présent.

Ton père a surnommé ma famille « les Valeureux ». C'est un titre d'un livre d'Albert Cohen rassemblant les personnages qui feront sa notoriété. Mangeclous par exemple. Celui qui tirait aux cartes le dîner de ses enfants. Mangeclous était le personnage favori de mon père. Alors imagine les Juifs de Céphalonie d'Albert Cohen exilés à Tahiti…

Cette minuscule île du Pacifique Sud était devenue le théâtre des expérimentations comiques de ma famille. C'est là-bas que mon père a rencontré ma mère. Et ça fait quarante ans que cette histoire drôle dure.

Pour comprendre cet endroit, il faut s'être frotté à la chaleur.

Tout le monde croit que *Sous le soleil de Satan* est le titre d'un livre de Bernanos puis d'un film de Pialat. C'est en réalité ce qu'ont dit les premiers missionnaires en débarquant à Tahiti. Et il faut toujours faire confiance aux missionnaires pour leur sens du vice et de la formule.

Il y a quelque chose de proprement démoniaque dans la chaleur. Quelque chose qui altère profondément les êtres. Qui les ramollit, les antagonise, les accapare. Ils ne s'appartiennent plus. Ils sont tout entiers à leur chaleur, à leur transpiration, à leurs démons.

Quand tu vois la réaction des Parisiens après deux jours de canicule, à moitié nus, sans foi ni loi, se plaignant, dégoulinant, prenant des bains dans des fontaines… Ils seraient prêts à barboter dans n'importe quel fond de caniveau rempli de déchets toxiques. Eh bien, figure-toi une existence entière à cette température et tu comprendras peut-être ce qu'est la vie sur une île tropicale. Le tempérament est façonné par la lassitude et le renoncement, la fatigue et le laisser-aller. Il y a quelque chose de l'ordre de la lasciveté généralisée sur une île. Un taudis tropical.

C'est l'île de ma mère, de ta grand-mère, donc. J'y ai passé mon adolescence et depuis que je vis en France, je m'y rends une fois par an. J'y ai développé un accablement particulier et un penchant pour l'alcool. Impossible à exprimer, le bourdon s'est transformé en mélancolie chronique.

Il y a un mot pour décrire cet ennui-là. On dit *fiu*. Un concept qu'on ne trouve dans aucune autre langue.

C'est là-bas, entre mes sœurs, mes cousines et les bouteilles de rosé, en proie au *fiu* le plus profond, que j'attendais des nouvelles de ton père. Lequel dit qu'il y a chez moi une course de vitesse entre la joie et la peine et qu'à l'intersection se trouve Tahiti. Il invoque volontiers la langueur des îles, le déracinement, l'exil pour expliquer mon caractère. Quand j'y suis, je m'y transforme en pitre aux ambitions artificielles de gaieté et d'ivrognerie. La vie s'organise autour de trois tomes : cuisine, famille, *fiu*. La cuisine soit on la fait, soit on en parle, soit on l'imagine, soit on s'en souvient. La famille, un prétexte à la moquerie incessante. Et pour tromper l'ennui, on fait des tours de l'île, on va au supermarché, on va voir les baleines, on reste des heures à boire sur la plage. C'est d'ailleurs, là, attendant que la journée finisse, que j'ai reçu le message de ton père :

Ma douce, je te souhaite une merveilleuse année. Je t'attends à Paris.

La récréation allait-elle se prolonger ?

L’amour au temps du chikungunya

 # Woody Allen
La seule fois où Rifkin et sa femme avaient connu un orgasme simultané, c’est au moment où le juge leur avait remis l’acte de divorce.

Il est quasiment impossible de déterminer le moment précis de bascule symbolique. Le passage d’un sentiment à l’autre peut rarement être ciblé avec précision. L’imbroglio des émotions n’est pas chose aisée à démêler.

Pourtant, en ce qui concernait la mère de ton frère et de ta sœur, ton père savait précisément à quel moment il l’aima, à quel moment l’amour prit sa forme complète et inamovible. Ils venaient de s’installer ensemble à New York. Un jour, elle revint du marché avec un chien. Un beagle espiègle qui regarda ton père dans les yeux. Ton père regarda le chien. Ton père regarda sa femme.

— Qu’est-ce que c’est que ce truc ?

— C’est notre chien.

— Tu es folle ?

— Non, c'est Max, c'est notre chien.

— Ça m'étonnerait beaucoup… c'est une décision qui se prend à deux. Là, je te le dis tout net, c'est le chien ou moi.

Elle regarda ton père. Elle regarda Max. Elle dit :

— D'accord… Alors, c'est le chien.

Au moment où elle prononça la sentence, ton père sut qu'il aimait cette femme et que cet instant précis marquerait le début de leur histoire. Avec ce « Alors, c'est le chien », elle s'était attaché ton père plus durablement qu'avec n'importe quel regard, déclaration, fragilité, aveu. Avec ce « Alors, c'est le chien », elle avait refermé sur ton père le piège de l'amour.

Et voilà comment il lui arriva sensiblement la même chose, trente ans plus tard, avec moi.

Ton père m'attendait chez lui, après avoir passé la journée à lire des manuscrits et à rédiger le devoir de philosophie de ton frère. J'arrivais de Tahiti. Dans quelles merveilleuses dispositions se trouvait-il ! Et nous nous jetâmes dans le lit, enfiévrés, surtout moi, au point qu'il devait se dire : Son corps est chaud, son front est brûlant, je lui fais un effet incroyable, elle tremble.

Des perles de sueur apparurent sur mon cou et au moment le plus haut de son désir, je murmurai dans son oreille :

— Aïe.

— Tu as le sens du timing.

Je me recroquevillai comme un petit chien, en proie à de grandes souffrances.

— J'ai l'impression que tous mes os vont se briser, viens près de moi.

Il s'exécuta.

— Je pensais être passée à travers les gouttes, mais le chikungunya a dû me mordre.

La maladie de l'homme penché, transmise par le moustique, épidémie qui se déchaînait à Tahiti et faisait la une des journaux, m'était tombée dessus.

Il me vit nue, soudain squelettique, essayer de me déplacer jusqu'à la salle de bains, penchée, rompue, avec un corps de vieille dame, moi si jeune, je lui apparus soudain telle que je serais dans quarante ans. Il m'aima au moment où il me vit vieille.

Il songea à l'instant où il était tombé amoureux de sa femme, la mère de ton frère et de ta sœur. Le « Alors, c'est le chien » trouva son équivalent dans ce corps décharné qui serait le mien.

— Je suis désolée.

— Désolée de quoi ? Écoute, ne sois pas ridicule. Tu vas dormir et je vais rester près de toi.

— Qu'est-ce que tu vas faire ?

— Regarder un film.

— Lequel ?

Un sourire fendit le visage de ton père, ses yeux s'éclairèrent, son menton s'avança, et il dit béatement :

— *La Guerre des polices* !

À cet instant précis, c'est chez moi que s'opéra la bascule fatidique. Je vis ton père tel qu'il était quarante ans auparavant, enfantin, ravi de la crèche à l'idée de regarder un navet, excité comme une puce, armé pour affronter tout et tout le monde, indestructible.

Tandis qu'il voyait la vieille dame en moi, je voyais l'enfant en lui, il m'aima pour ce que je serais, je l'aimai pour ce qu'il avait été. À nous deux, nous opérions le miracle de l'amour qui est à la fois une compression et une extension à l'infini du temps.

Nous fîmes cette expérience au même moment, ce qui, dans la mythologie de l'amour, relevait du fantasme. La réciprocité, la simultanéité, l'amour. Des grands mots, comme disaient ses enfants, des grands mots qui grandissaient ton père.

Et pendant qu'il regardait cette *Guerre des polices*, qui l'avait tant amusé à sa sortie en 1979, quand il s'était engouffré seul à l'Action Écoles pour pouvoir mater son fantasme d'adolescent, Marlène Jobert, et voir les deux Claude (Rich et Brasseur) s'entredéchirer, il se souvenait encore des répliques et les murmurait en même temps que les acteurs pour ne pas me réveiller. Mais je ne dormais pas, j'écoutais ton père prendre ce bain de jouvence, se divertir comme un diable, trouvant à chaque inflexion de sa voix, chaque ridule de ses yeux qui riaient, une raison supplémentaire de l'aimer, d'avoir forcé la porte et de m'être installée ici, face à cet écran où pourraient désormais défiler les images de notre vie ensemble.

Quand le mot FIN apparut, il se dit que ce pourrait être ça, la fin, ça, être allongé aux côtés de sa jeune femme, la serrant dans ses bras avant que le noir se fasse.

Il était heureux, comme il ne l'avait pas été depuis… Depuis quand, déjà ?

J't'aime

 # Woody Allen
Mes parents ont vécu quarante ans ensemble, mais par pure animosité.

Mon chéri, tu verras bien assez tôt que l'amour se vit sur un mode arythmique. Les gens sont rarement amoureux au même moment. Il y a exceptionnellement concordance des sentiments. L'amour véritablement réciproque est fugace, c'est une minute, peut-être deux, durant lesquelles deux êtres se regardent dans les yeux et partagent une chose qui ne reviendra pas. Paradoxalement, cette minute, c'est aussi l'éternité et il suffira que ces deux personnes se souviennent de ce moment pour tenir, cinq ans, dix ans, une vie. C'est ce souvenir qu'ils convoqueront pour nourrir leur amour. Entre ton père et moi, la minute fut plus que fugace, une nanoseconde. Un flash. Je crois d'ailleurs que notre amour se nourrit de cette suspicion-là. Cet instant a-t-il bien eu lieu ? Dans le doute, on se regarde en coin et on continue.

L'usure des sentiments désigne normalement l'érosion de l'amour. Dans notre cas l'usure des sentiments, c'est plutôt moi, tannant ton père jusqu'à ce qu'il n'en puisse plus. Je suis allée arracher une déclaration d'amour à l'usure. Je suis désolée de ne pouvoir t'offrir un récit plus romantique. Mais c'est tout ce que j'ai à te mettre sous la dent, la vérité.

Ton père m'a prévenue.

Il ne m'aimerait jamais !

Nous ne serions jamais ensemble !

Je devais m'estimer heureuse qu'il condescende à me fréquenter, mais que je n'aille pas imaginer quoi que ce soit. Jamais, rien, zéro, *nada*, *ziltch*.

Comme j'ai pu m'en apercevoir, « jamais » pour ton père signifiait plutôt « à court ou moyen terme ».

À ces « jamais » lancés comme des glaives, je répondais : « Pas grave, d'accord, aucun problème, comme tu veux, peut-être ? Tu es sûr ? C'est dommage, ce serait sympathique, vraiment, non, tu ne veux pas ? » Et je me suis installée, enracinée, jusqu'à ce qu'il s'habitue à ma présence. J'ai un petit peu forcé la porte, c'est vrai, mais très discrètement. Tu m'vois, tu m'vois pas, j't'embrouille. Petit à petit, à chaque fois qu'il tournait la tête, j'étais dans le cadre. Et bon an mal an, contraint et forcé, pris dans le Guantánamo du sentiment amoureux, il a répondu, il a avoué, il s'est donné.

Voilà le cœur de notre amour : une grosse incruste.

Je t'ai donc expliqué comment des sentiments complexes de rejet et consentement avaient pris place dans le cœur de ton père. Mais les mots avaient du mal à venir. Il faut que tu saches que j'ai eu affaire à un drôle de type au début. Que dire d'un mec qui rit toujours au mauvais moment, manifeste son désir par onomatopées – *miam miam*, *schlouk schlouk* –, dit : « Tu es drôle » au lieu de rire et éclate de rire aux moments les plus improbables ?

J'avais décidé de prendre le taureau de la formulation par les cornes et j'ai entrepris de me lancer dans l'arène de la déclaration d'amour. Désormais je lui disais « Je t'aime » chaque fois que nous nous voyions et ton père a mis au point toutes sortes de subterfuges pour contrer mes attaques.

— Je t'aime.

Il explose de rire.

— Je t'aime.

— C'est bien…

— Je t'aime !

— C'est gentil…

— Je t'aime, mon amour !

— Eh bien, ce n'est pas triste, tu dis ça comme si tu allais te tirer une balle.

— Ça suffit, je te dis que je t'aime !

Ce que les gens disent, ce que les gens pensent, ce que les gens veulent entendre, ce qu'ils sont capables de formuler, ce qu'ils taisent, toutes ces superpositions rendent la communication impossible, en particulier entre les hommes et les femmes, en particulier à cause des femmes, pensait ton père, toujours en train de farfouiller l'âme des autres tout en dissimulant la leur.

Quand tu seras toi-même pris dans le tourbillon des sentiments, tu comprendras sans doute mon désarroi. La moindre des choses quand tu dis à une personne que tu l'aimes, c'est qu'elle te réponde : Moi aussi. C'est la base de l'amour. Je t'aime. Moi aussi. Bonne nuit. C'est comme dire merci ou bonjour. C'est une affaire d'éducation. En amour, comme ailleurs, il faut être poli. À la rigueur, tu as le droit d'avoir recours à la rudesse de la vérité : Non, désolé, moi je ne t'aime pas. Dans tous les cas et par n'importe quel bout que tu le prennes, tu ne réponds pas : Merci, c'est gentil. La politesse, te dis-je !

Poli, ton père ne l'était pas. Et notre amour a continué à se creuser dans le malentendu.

Imagine un énergumène qui, quand je rassemblais toutes mes forces pour lui avouer mon amour et que je prononçais un fébrile : « Je t'aime », me répondait : « Adorable ! »

Tu trouves ça bizarre. Tu as raison. Ton père est un gars louche.

Il n'y a rien à voir entre ce qu'il se passe dans la tête de deux personnes mises en présence. Tu dis : Je t'aime, l'autre pense : J'ai faim. Tu penses : Saucisson vin rouge, l'autre dit : J'irais bien me promener. Tu te vois sur les rives de l'Arno, l'autre marche sur la muraille de Chine.

Un soir, malgré tout, après un énième « Je t'aime » passionné de la part de ta mère non moins passionnée, ton père a explosé :

— C'est bon, à la fin, y en a marre ! Moi aussi.

— Toi aussi quoi ?

Et là, il a étouffé un bruit, mi-cri mi-éternuement. J'ai cru entendre :

— J't'aime.

— Tu quoi ?

Ce « J't'aime » à peine articulé et probablement fantasmé a suffi à me plonger dans le sommeil. Ce « J't'aime » que j'ai réceptionné comme s'il m'avait fait la déclaration de l'acte II de *Roméo et Juliette*, ce minuscule « J't'aime » a fait battre mon cœur comme si j'avais couru plus de huit tours de stade.

Mon amour, je ne saurais te dire aujourd'hui si ton père a bien dit ce que j'ai cru entendre, mais je te souhaite toute l'intensité d'une parole avalée et contrainte, un demi-mot qui en vaut mille, un rêve de mot aussi fugitif que le bonheur. Je te souhaite d'entendre ce que tu as ardemment souhaité entendre. Même si tout ça ne dépasse pas le cadre de ton petit crâne solitaire.

De la sueur, du sang et des larmes

 # Télégramme juif
Commence à t'inquiéter. Détails suivent.

L'état dans lequel j'ai trouvé ton père :
Accablé.
Lourd.
Sans espoir.
Fini.
Le métier fout le camp.
Le monde fout le camp.
Plus personne ne lit.
Vieux.
Divorcé.
Deux enfants.
Ton frère et ta sœur.
À 20 heures, ils ont faim.
— On peut commander des sushis ?
— Non, le frigo est plein.

Ainsi débutait la soirée de ton père : après une journée au bureau à régler les problèmes les uns après les autres, il devait affronter une autre charge.

Car il me faut te donner des détails sur la première vie de ton père. Il a donc épousé une femme avec laquelle il a vécu dix-neuf ans. De cet amour sont nés ton frère et ta sœur. Lorsque leur mère est retournée vivre aux États-Unis, c'est avec ton père qu'ils sont restés vivre en France.

Pauvre, pauvre, pauvre, de lui… Le trajet de retour vers la maison était l'occasion de se livrer à son occupation favorite : se lamenter sur son sort. Sa vie n'était pas facile. Le monde s'acharnait contre lui. Les livres ne se vendaient plus. Il élevait seul ses deux enfants. Et, faute d'exercer une autorité quelconque, ayant cédé sushi après sushi, il les avait approximativement éduqués.

Certes, *Émile ou De l'éducation* n'était pas son livre de chevet. Mais il les adorait.

Dans l'appartement, ton frère et ta sœur l'attendaient patiemment en regardant D8, sortant de leur torpeur pour glousser devant les pitreries de *Touche pas à mon poste*.

— Ce mec est un gé-nie.

Ils avaient l'habitude de détacher les syllabes des mots pour appuyer leurs commentaires. Commentaires qui n'étaient jamais que des opinions, des certitudes, des exclamations, ou des reproches.

— Quel mec ?

— Cyril Hanouna. Tu sais, il en a grave bavé dans sa jeunesse.

Ton père tombait des nues. Lui, éditeur devant l'éternel, accompagnateur d'écrivains, tout ce qu'il représentait, ses enfants le rejetaient. Pour eux, philosophie rimait avec wifi.

— Comment était votre journée, mes amours ?

Il compensait son infirmité d'autorité par une tendresse de mots et de gestes et ton frère et ta sœur fondaient dans ses bras dès qu'ils se retrouvaient.

— Chuis trop dans le mal.

Les enfants de cette génération ne se contentaient plus d'avoir mal, non, à présent, ils étaient « dans le mal », embourbés, prisonniers d'un long voyage au centre du mal. S'ils ne manquaient pas d'une chose, c'était du sens de l'emphase et du tragique.

— Dans quel mal, mon amour ?

— J'crois que j'ai une gastro et une rhinopharyngite.

— Et toi ?

— Chuis allé au palais de Tokyo.

Une lueur d'espoir dans le regard de ton père :

— Ah bon ? C'est formidable, c'était à ton initiative ?

— Non, non, c'est moi qui ai eu l'idée.

Alors que ton père mettait la table, des pâtes dans la plus pure tradition nouilles trop cuites, ton frère et ta sœur se montraient leur fil Facebook respectif, lisant à voix haute les maximes du jour. Au moins conservaient-ils un lien avec la littérature.

— « Il est grand temps de rallumer les étoiles. » C'est beau, non, papa ?

— Aragon… Magnifique.

— « La vie est trop courte pour s'épiler la chatte. » Ça aussi, c'est Aragon, papa ?

Ta sœur savait glisser une ou deux remarques ironiques bien senties pour déstabiliser ton père.

— « Ne cherche pas à te venger… laisse faire le temps… Tout se paye… la roue tourne. »

Les jeunes de cette génération se gargarisaient de paroles de philosophes dévoyées. « Ce qui ne te tue pas te rend plus fort. » « La fin justifie les moyens. » « Je pense donc je suis. » Les malheureux auteurs, pensait ton père, ils avaient passé leur vie à fomenter des systèmes, des pensées, des concepts, des idées, et la plus mauvaise formule se trouvait taguée sur les murs défraîchis de la gare du Nord, par des débiles moyens pour qui « Faites l'amour pas la guerre » équivalait à la métaphysique aristotélicienne.

Il y avait eu une chute, indéniablement, une chute bien plus grave que celle de l'Empire romain, un avachissement de la pensée. Ton pauvre père assistait impuissant à cette dégringolade, et du « Dieu est mort » inscrit en lettres dorées sur l'agenda de ta sœur, il passait volontiers au « Tout est mort ». Son esprit n'était plus qu'un vaste cimetière.

Dans son passé s'empilaient les décombres de l'histoire et les drames personnels, la faillite des grands systèmes de pensée, des utopies politiques. Il avait l'impression d'avoir appartenu à un monde suranné, sentimental et féroce, où la sensibilité comme les idées avaient leur place. Il se retrouvait parachuté au milieu d'une génération de requins de la pire espèce, des requins dormeurs, dont le visage ne s'illuminait qu'à l'annonce d'une nouvelle saison de *Game of Thrones* et de son slogan énigmatique : « *Winter is coming.* »

L'hiver était déjà là pour ton père, depuis longtemps. Ses membres étaient engourdis de neige et son cœur… congelé.

Le survivant d'une famille, le survivant d'une civilisation, et maintenant le survivant d'un temps révolu, d'une histoire oubliée.

Tout mourrait avec lui, pensait-il, la mémoire allait sombrer dans les profondeurs des réseaux sociaux.

— On ne nous dit pas tout. Ouais, le 11 Septembre franchement, c'est pas clair. Et Hillary Clinton, on dit qu'elle vend des armes à Daech.

On aurait pu espérer qu'il s'agisse d'une manière d'exercer leur intelligence, mais ton père savait que ce qui se jouait là était au contraire l'effort de l'ignorance pour l'achever, les balbutiements d'une force obscure qui emporterait tout sur son passage : le néant. Mieux vaut une mauvaise pensée qu'une pensée toute faite, disait Péguy. Même cette maxime ne parvenait pas à lui réchauffer le cœur. Ton père était frigorifié.

Il vivait dans la certitude que la vie avait eu la main particulièrement lourde avec lui. Avec lui, la vie avait fait des heures sup'. Mais la vie, ça n'existe pas, la vie ! À force de se sentir la cible de cette instance qui l'avait pointé du doigt dès sa naissance, ton père se représentait la Vie comme les Grecs se représentent le Destin sous la forme des Parques, prenant l'allure de déesses (forcément c'était une femme, forcément elles étaient plusieurs). Voilà la Vie, telle qu'il l'imaginait : à ses trousses, connaissant son numéro de téléphone et son adresse et comptant bien venir chercher son dû.

La mort et le désir pathétique de l'entraver, de lui faire échec, très peu pour lui. C'est pour cette raison qu'il était bien décidé à ne pas me laisser entrer dans le paysage. Au contraire, la mort l'attendait et quand il pensait à tous ses tracas, il se disait que bientôt, il mourrait comme un juif et la horde pourrait bien laisser un message sur son répondeur. Il ne rappellerait pas.

Il pédalait sur sa bicyclette à la campagne en passant devant le cimetière où était enterré son propre père et se prenait à espérer :

— La paix, bientôt la paix !

Mais depuis que ton frère et ta sœur avaient grandi, même la mort ne lui apportait plus le réconfort nécessaire pour avancer jour après jour, mettre un pied devant l'autre et empiler une facture sur la suivante. Maintenant il avait peur, pour eux, des conséquences de sa disparition. Que leur arriverait-il ? Où vivraient-ils ? Avec leur mère, en Amérique ? Avec quel argent commanderaient-ils des sushis ?

Et voilà que ses enfants avaient tué son dernier sanctuaire : la mort. Celle qui avait été son refuge imaginaire était devenue une source d'angoisse.

Un anniversaire à Auschwitz

 # Blague juive
— Dis-moi, Sarah, quand nous vivions en Pologne et que les paysans ont fait un pogrom et brûlé notre maison, tu étais avec moi ?
— Mais oui, Salomon, j'étais avec toi.
— Dis-moi, Sarah, en 42 à Paris, pendant la rafle où les nazis nous ont capturés, tu étais avec moi ?
— Mais oui, Salomon, j'étais avec toi.
— Et à Auschwitz, dans le camp, tu étais avec moi ?
— Mais oui, Salomon, j'étais avec toi.
— Dis-moi, Sarah, tu porterais pas un peu la poisse ?

Pour illustrer l'entrain naturel de ton père, je dois te raconter ce qu'il a fait pour célébrer ses cinquante-cinq ans. Seul Cioran en descente d'ecstasy pourrait avoir une idée pareille. Je pensais bêtement lui faire une surprise, une petite escapade dans les Cinque Terre, en Sicile, ou dans le Péloponnèse, sur les traces d'Ulysse. Peau de zob !

— Je crois que ce serait bien de partir seul avec ma fille.

— C'est une bonne idée. Tu veux l'emmener où ? Prague ? Berlin ? Barcelone ?

— Non… je pensais aller à Auschwitz.

Là, difficile de trouver une réaction appropriée.

C'est que ton père est dans la surenchère du malheur.

Quand on déjeune avec Denis, son meilleur ami, celui-ci désigne un tatouage imaginaire sur son poignet et psalmodie avec un accent yiddish :

— Ce matricule est le tombeau de mes grands-parents.

À eux deux, ils ont lu toute la littérature concentrationnaire. TOUTE.

Ils ont visionné sur YouTube tous les témoignages des survivants des camps. TOUS.

Ainsi donc, laissant derrière lui son ami et son accent yiddish improvisé, voilà ton père parti pour la Pologne, un jour glacial de février, avec sa fille de quinze ans.

Il m'appelle de l'aéroport, tente de justifier cette escapade extravagante :

— Je ne veux pas qu'elle croie à toutes ces saloperies complotistes et conspirationnistes. Il faut qu'elle sache que ça a vraiment existé.

— Oui, c'est une excellente idée, vraiment, tu as bien fait, et vous retrouver en Pologne ne vous fera pas de mal. Essaie quand même de visiter Cracovie et de l'emmener dîner dans un bon resto…

Je connaissais encore mal ta sœur, mais j'imaginais l'angoisse de cette jeune fille bloquée avec un père qui la terrifiait pour recevoir une leçon d'histoire dans un camp de la mort.

Mais ton père est déjà dans la nuit et le brouillard.

Pour les dix ans de ton frère, il l'avait emmené dans le Vercors. Il voulait lui montrer les endroits où son propre père s'était battu pendant la guerre. Ton grand-père Simon, résistant à l'âge de vingt ans, maquisard précoce, modèle naturel pour un petit garçon. À ton père, Simon n'avait pas transmis la religion, mais l'*inquiétude* juive... Inquiétude qu'il avait l'intention de communiquer par transfusion à ton frère et à ta sœur. En même temps que son antidote, cette *mauvaise conscience de la mélancolie*.

Il part donc en pèlerinage. Cracovie, puis Auschwitz, en compagnie d'un guide. Il est bouleversé. Ta sœur prend des photos, absorbée, elle aussi, à sa manière. Tout doucement, elle montre son téléphone à ton père :

— Regarde ce qu'une copine m'a envoyé. Elle a pris la photo en venant ici, il y a quelques mois. Ça a été vérifié par des spécialistes, garanti sans Photoshop.

Ton père regarde : parmi les vestiges des dortoirs, la silhouette d'un détenu.

— Tu crois qu'il y a des fantômes, ici ?

— Ne dis pas n'importe quoi, allons...

— Tu ne crois en rien d'irrationnel ?

En guise d'irrationnel, ton père en a bien assez avec un camp d'extermination. Ça suffit, non, comme folie de l'imagination ? Plus grandiose qu'un fantôme, il y a une chambre à gaz.

Rentré à l'hôtel, ton père a besoin de recouvrer ses esprits. Ta sœur, elle, commande un double club-sandwich, et prend un bain en écoutant de la musique.

De retour à Paris, ton père m'appelle :

— Alors ?

— C'était bouleversant…

— Et ta fille ?

— Impossible à dire… elle est indéchiffrable.

— Tu t'attendais à quoi ? La pauvre…

— On se retrouve au cinéma, ce soir ?

— Non, désolée, le cinéma c'est pas possible, je vais au Cambodge, je dois aller visiter le camp S-21 avec mon neveu.

— Les Khmers rouges… Tu me donnes une idée pour mes soixante ans.

Lots of love

\# Les Beaux Gosses
— Alors la langue et tout, la bave, comment tu fais ? Ça coule pas sur les côtés ? Ça fait pas des coulaisons ?
— Mais non, en fait, ça se fait naturellement, tu vois, c'est aspiré.

— LOL, ça veut dire quoi ? « *Lots of love* » ou « *Lots of laughs* » ?

— Aucun des deux, je le crains.

Ça c'est ton père essayant de décrypter le vocabulaire de ton frère et ta sœur qui le regardent, dépités :

— Non, mais laisse tomber, plus personne dit ça…

Il n'y avait rien qui les crispait plus que quand ton père se hasardait à un « Cool » ou un approximatif « Elle m'a tema la troncha » qui ne correspondait pas à grand-chose, si ce n'est à l'idée lointaine que ton père se faisait de la manière dont les adolescents parlaient.

Et moi, nouvellement élue interprète certifiée de la maisonnée, je faisais mon possible pour remplir mon rôle :

— C'est un acronyme de « *Laugh out loud* », mais c'est un peu dépassé, effectivement.

— Ah…

Est-ce que ton père m'aurait aimée s'il ne m'avait pas très vite vue comme un dictionnaire portable ?

Il me laissait seule avec ton frère et ta sœur, s'imaginant que nous allions participer ensemble à ce grand autodafé qui l'inquiétait tant, ce sabbat des mots, ces opérations à cœur ouvert qui finissaient toutes par un électrocardiogramme plat. Dès que les jeunes ouvraient la bouche, la langue française en prenait pour son grade. Une déchéance qui le frappait en plein cœur : si on s'en prenait à la patrie des mots, alors que resterait-il ?

Avec moi c'était différent. Je semblais réaliser ce miracle de comprendre le charabia de ses enfants. Je riais à leurs blagues, m'adaptais à leur dialecte, le verdict était sans appel : nous nous comprenions, comme les grands singes ont l'air de se comprendre dans les réserves africaines. Nous appartenions à la même espèce, des bonobos, et ton père nous observait en retrait.

Depuis la cuisine, il écoutait à travers les murs.

Je vivais ma lune de miel avec ton frère et ta sœur. Ils étaient drôles, pleins de vie, laissés en friche et donc désordonnés, mais ne demandant qu'à être entendus, à aimer et à être aimés. Ils étaient les seuls à ne pas être effrayés par mon âge. Jamais, je crois, ils ne nous ont jugés. Au contraire, ils étaient rassurés à l'idée que leur père puisse plaire à une fille comme moi, proche d'eux. Me plaire, c'était hypothétiquement pouvoir leur plaire aussi. J'ouvrais une brèche dans l'incompréhension mutuelle. Ils étaient ravis que je détourne l'attention de leur cher papa. Ils voulaient son bonheur. Il y avait en eux une forme de générosité, rare à leur âge. Ils étaient intarissables, souvenirs d'enfance, théories existentialistes, goûts musicaux, tout y passait.

— Avoue, papa, il est trop frais, avec son costard, il dit des grands mots. Quand il arrive au bureau, il doit grave les impressionner.

Des grands mots, songea ton père... Qu'est-ce qu'ils peuvent bien entendre par là ?

— Ouais, grave frais papa, mais avoue qu'il part loin... On comprend rien à ce qu'il dit.

— Avoue qu'il dit des trucs simples mais compliqués en fait. C'est pour ça, on n'ose même plus lui poser de questions.

— Il a un QI genre surélevé !

Aussi, à travers les murs, ton père découvrait que ses enfants le trouvaient frais, il ne savait pas exactement ce que cette fraîcheur pouvait recouvrir, il pensa à un poisson frais, il se dit que ce devait être un compliment, être frais, dans l'esprit des jeunes, avoir l'œil vif, être comestible, l'inverse d'avarié, et il se rengorgea. Il avait toujours pensé, au contraire, qu'ils ne le voyaient plus que comme une barquette de viande périmée depuis belle lurette. Et il m'entendait prendre sa défense, expliquer que l'intelligence parfois a des effets pervers.

— L'important, c'est que votre père vous aime. Le reste…

— Ouais, grave.

— Mais il est grave triste. Il fait tout le temps la tête. Il est trop de mauvaise humeur quand il rentre du boulot et après il s'en prend à nous.

— Faut pas le prendre contre vous.

— C'est vrai que parfois, on exagère.

— Ouais, grave, on force.

Et ton père tendait l'oreille alors que sa progéniture se mettait à raconter des souvenirs d'enfance. Il les croyait sans mémoire, voilà qu'ils chérissaient des souvenirs du passé.

— Nous, on mangeait tout le temps des crêpes. Et genre on avait une ardoise au resto d'en bas. Et on croyait que c'était gratuit, tu vois, on se privait pas, genre, on prenait des crêpes Nutella banane chantilly plusieurs fois par jour, des trucs de ouf, et aussi, quand on avait des copains qui venaient à la maison, bah on descendait chercher des crêpes et un jour, papa reçoit un appel, ils lui ont dit : « Monsieur, il va falloir venir payer la note de vos enfants, y en a pour 1 600 euros. »

— T'aurais dû voir la tête de papa, il a pé-té un câble.

— Ouais, nous on était trop dans le mal après, on savait pas… On était des enfants.

Ton père interrompit la conversation sur cet aveu.

Oui, ils avaient été des enfants. Il les avait adorés.

Et je le comprends, tu feras bientôt la connaissance de ton frère, drôle, tendre et extraverti, qui sait rire et aimer la vie ; et de ta sœur, intelligente, perspicace et ironique. Un garçon et une fille pleins d'humour qui t'accompagneront malgré les années qui vous séparent.

Quand ton père et moi nous retrouvions seuls, nous parlions d'eux.

— Ils portent la gentillesse en eux et c'est de l'or.

— Ils ne m'appartiennent plus. Ils n'appartiennent à rien de ce que je suis.

— C'est une réussite, mettre au monde des êtres qui ne soient pas une parfaite réplique…

Je n'osais pas lui dire à quel point j'étais rassurée par ses enfants, par leur bonhomie et leur gaieté. Ils étaient effectivement ce qu'il n'était pas. Or cela, contrairement à ce qu'il pensait, ne le fragilisait pas, mais le sauvait.

— Ils étaient tellement mignons, enfants.

— Ah, tu as donc eu un moment de béatitude ?

— Évidemment.

Il les avait aimés à chaque instant. Même quand ils étaient laids et ingrats. Même quand il avait fallu payer les 1 600 euros de dettes en crêpes. Même quand ils avaient des résultats calamiteux à l'école. Même quand ils lui mentaient effrontément. Une tendresse de pitié qui lui étreignait le cœur et le bouleversait.

Ce qui n'empêchait pas une incompréhension en tous points. Quand ton frère disait à propos d'une fille :

— Celle-là, elle veut du pain !

Et que ton père répondait, concerné :

— Elle a faim, la malheureuse ?

Je pouvais intervenir et lui dire :

— Non, ça veut dire : elle veut de la bite.

J'étais devenue le Google Traduction de la vulgarité.

Ce qui ne l'empêchait pas de devenir livide quand ton frère demandait à ta sœur en s'impatientant :

— Qu'est-ce tu fous ? Tu te doigtes ou bien ?

— Eh ! Tu ne parles pas comme ça à ma fille !

Tu te doigtes ou bien ? Les mots roulaient dans l'esprit de ton père et se cognaient aux parois de son cerveau. Tout, dans cette proposition, était impossible à conceptualiser. L'image allait bien au-delà du bien et du mal. Par-delà. Ou en deçà. Malheureusement, dans certains cas, il n'avait pas besoin de traduction.

Voici donc comment je naviguais parmi les névroses sexuelles et linguistiques de ton père. Lui rendre les choses intelligibles, telle était ma nouvelle mission. Et nous riions beaucoup tous les quatre, les uns des autres, les uns avec les autres, en érigeant la moquerie comme mode de communication affectueux et rassurant.

L'inconscient pour les bourges

 # Père et fille
— Tu ne veux pas retourner chez le psy ?
— Franchement... J'préfère que tu m'achètes un tee-shirt Zadig et Voltaire !

J'ai donc été propulsée dans un nouveau monde. Celui d'un père célibataire avec ses deux enfants. Mais pas n'importe quel père et pas n'importe quels enfants. Tout ce petit monde baignait dans ce qu'on appelle un *milieu*, environnement qui n'avait rien à voir avec le mien. Pour dire les choses vite, un milieu aisé, un monde de bourges.

Il existe une collection de livres qui fait fureur depuis une dizaine d'années et qui s'intitule « Pour les nuls ». *Le Français correct pour les nuls*, *L'Histoire de France pour les nuls*, et autres ouvrages de vulgarisation approfondie. Ainsi *La Culture générale pour les nuls* s'est hissé au rang convoité de best-seller. Il ne faut jamais sous-estimer le masochisme de l'acheteur de livres lambda. Mon idée serait de décliner le concept et d'imaginer une collection « Pour les bourges ». Manuels qui décrypteraient le monde contemporain du point de vue trop souvent oublié de l'homme riche, désemparé. Cette collection s'adresserait à ceux qui auraient le temps et le loisir de ne pas comprendre leur progéniture. Ça irait de *Les Réseaux sociaux pour les bourges* à *La Culture populaire pour les bourges* et quand on les aurait bien attendris, on pourrait passer à *L'Histoire de la colonisation pour les bourges* ou même, pourquoi pas, à *Pierre Rabhi pour les bourges*, ni vu ni connu.

Il faudrait ainsi commencer par *L'Inconscient pour les bourges*. Car il n'y a rien de mieux que la science psychologique pour rassurer un bourgeois. J'insiste sur ce point. Tu vas naître sous des latitudes où le psychologue a remplacé l'instituteur et où il est aussi commun de « sécher le psy » que de « sécher le cours de sciences naturelles ».

Laisse-moi te raconter l'épisode fameux de l'esthétique du tas pour illustrer mon propos – les médecins de l'âme sont aussi importants pour les parents des classes sociales les plus élevées que les conseillers fiscaux.

C'était un après-midi ordinaire, je pestais contre le fait que ton frère et ta sœur laissaient traîner leurs affaires partout, les jetaient à terre. « C'est inadmissible, scandaleux ! » – toujours le sens de la mesure, je ne vois aucun inconvénient à traiter celui qui n'a pas fait la vaisselle d'ayatollah. Ton père m'a arrêtée :

— Écoute, il y a des livres qui ont été écrits sur la question par des psys renommés, ça s'appelle l'« esthétique du tas », les ados entassent, c'est leur manière d'être au monde.

Son « esthétique du tas » m'a clouée sur place. J'ai crié :

— Heureusement que vous avez des psys, vous les bourges, pour vous racheter une bonne conduite, une bonne conscience. Heureusement que les psys écrivent des livres pour camoufler votre inanité. Chez nous, pas de « tas », je peux te dire, un truc par terre et c'est une baffe dans la gueule.

Ton père a levé les yeux au ciel. Je suis partie en maugréant :

— Esthétique du tas, je t'en foutrais de l'esthétique du tas !

Tu te demandes peut-être d'où me vient cette obsession du bourge, n'étant moi-même ni exactement prolo ni pauvre, n'ayant jamais manqué de rien et ne maîtrisant les catégories sociales qu'approximativement, ne sachant d'ailleurs pas bien à quoi correspond ce sous-genre maléfique. C'est que, pour ma mère, les « bourgeois » étaient ce qu'il y avait de plus éloigné de nous. Les bourgeois et les Français… Quand je refusais d'étendre le linge, je faisais ma bourgeoise, quand je ne parvenais pas à marcher pieds nus sur le corail, je faisais ma Française.

Je suis entrée avec curiosité dans le monde de ton père, persuadée que nous étions fondamentalement différents. Que se racontent-ils ? Que mangent-ils ?

De quoi rient-ils ? Ces bourgeois, ces Français… Avec une appréhension anthropologique, je cherchais à comprendre si cette couche supérieure n'était plus bonne à rien, si elle avait fait son temps, si ses sources vitales étaient taries, si elle avait conscience d'agoniser. Je m'interrogeais sur ses membres, leur mesquinerie, l'exclusivité de leurs intérêts, leur médiocre culture, leurs usages ridicules. Or, qu'ai-je trouvé ? Des gens distingués, simples, intelligents, ton père, son frère, ses sœurs, sa mère. Des personnes chaleureuses et accueillantes, en un mot, merveilleuses.

Je ne reconnais donc pas en ton père et les siens ce que ma mère et les miens ont projeté sur leur milieu. Là où le fossé se creuse, en revanche, c'est avec la génération suivante. Individuellement, comme ton frère et ta sœur, ils sont sympathiques, drôles et attachants, mais en tant que groupe, les enfants de bourges peuvent faire dresser les cheveux sur la tête. Je les avais eux aussi beaucoup observés quand, étudiante, je leur donnais des cours de français. Eh non, ils ne se feront pas tout seuls, pas de *struggle for life*, ni de « s'en sortir à la force du poignet » ! Exit la culture de l'effort, la niaque, la *stamina*. Ce sont plutôt des êtres ingrats, shootés au Roacutane et à l'Adderall, mous, inoffensifs, qui baignent dans des névroses médiocres lissées hebdomadairement par un professionnel de santé. Ils ne se contentent pas de creuser le trou de la Sécu, ils creusent les inégalités qu'ils ont de plus en plus de mal à justifier, indignes de l'héritage qu'on leur sert sur un plateau d'argent, ils auront tôt fait de transformer en paille en plastique mâchouillée la cuillère en or avec laquelle ils naissent dans la bouche. Et pourtant, on les aidera, on les placera, on les accompagnera. Et le plus grand risque qu'ils encourent, c'est de faire une allergie à une pelote de cachemire. Ils n'auront plus les moyens de conserver leur patrimoine, ils commencent par laminer le legs intellectuel et bientôt ce seront les maisons, les propriétés qu'ils ne pourront plus maintenir en état. Ajoute à cela les droits de succession… La culture, on n'en parle même plus. Aux oubliettes. Bon, ce n'est pas 1789, mais la roue va tourner. Et leur monde s'écrouler. Ce jour-là, je doute que leur psy leur soit d'une grande aide.

De mon côté, on ne fréquente pas les docteurs de la tête. Ce sont des espions malfaisants, qui vont implanter des problèmes dans nos cerveaux sains. On les brandit même comme une menace :

— Si tu continues à faire des bêtises, je t'emmène chez le psy, attention ! À trois, c'est psy en ambulance ! Un… deux…

— Si tu as encore une fois le hoquet, je prends rendez-vous chez le psy !

Mais du côté de ton père, on va chez le thérapeute comme on pisse. Il adore ça. Méfie-toi, tout ce que tu diras pourra être traduit par ton père dans la langue de Freud et retourné contre toi. Gare à tes fesses s'il décèle en toi une inclination à la mélancolie, il prendra rendez-vous chez le meilleur analyste du

6e arrondissement de Paris. Autant que je prépare le terrain.

Car après toutes mes déclarations, je te vois d'ici crier au manque d'amour. Ne va surtout pas t'imaginer que je ne t'aime pas. Que tu n'étais pas voulu et qu'il faudrait d'urgence augmenter ton argent de poche. Je t'imagine déjà tirer des conclusions hâtives en partant du postulat que tu n'étais pas désiré. Même si ce serait sans doute bénéfique pour toi. L'amour maternel est un mauvais départ dans l'existence. Je ne cherche qu'une chose, ici-bas, très bas. Te faire gagner du temps en prémâchant le travail colossal qu'aura ton psychanalyste. Tu pourras aller le voir avec ce livre et lui dire : « Voilà d'où je viens, voilà quel est mon héritage psychiatrique. »

De la blennorragie en milieux tempérés

 # Blague juive
— Ma fille, tu es belle, tu es jeune, tu es intelligente, pourquoi tu n'es toujours pas mariée ?
— Je ne sais pas, pourtant je mets une annonce tous les soirs dans le journal.
— Qu'est-ce qu'elle dit ton annonce ?
— Jeune femme bien sous tous rapports cherche Ashkénaze heureux ou Séfarade intelligent pour mariage à la synagogue.

Ce qui avait commencé comme un banal marivaudage a abouti à une explosion nucléaire : la rencontre entre ma famille et celle de ton père. Non pas la rencontre physique, mais la rencontre métaphorique, petit big bang conceptuel.

J'ai nommé, d'un côté, les Ashkénazes ; de l'autre, les Séfarades. Cette distinction n'existait pas autrefois pour moi, pas vraiment de complexe d'infériorité, on ne voulait pas être comme eux, on ne savait même pas qu'il y avait d'autres Juifs. Quand, enfant, j'entendais mon père parler des Ashkénazes, ce n'était que pour soupirer :

— La vérité, ils sont lourds... le poids de l'histoire sur leurs épaules... En même temps, je comprends que l'envie de rire leur soit passée...

Pour la famille de ton père, les Séfarades étaient des étrangers. Des spécimens bruyants qui mangeaient du couscous en riant à gorge déployée.

Le patrimoine *vs* Le bled.

Dans ton ascendance, le bled, c'est moi. Mais comme je ne cesserai de te le répéter, le blédard n'est pas toujours celui qu'on croit. Or, j'ai développé un radar à blédards extrêmement efficace et il n'est pas né, celui qui me fera passer du poulet pour du pigeon.

À quel moment estime-t-on qu'on est un grand homme ?

Que faut-il avoir accompli pour intégrer le club très fermé des hommes importants ?

Vaut-il mieux être un grand homme ou un brave bougre ?

À l'heure où je t'écris, je n'ai aucune idée de ton avenir. Je ne sais pas si tu parviendras à transformer l'existence minuscule qui t'est offerte en destin, comme ton grand-père, Simon, pour ne parler que de lui.

Simon mériterait à lui seul un livre. Ton grand-père paternel est mort en 2006, onze ans avant ta naissance. Entré en résistance en 1942 à l'âge de vingt et un ans, dans le Jura puis le Vercors. Un courage précoce qui lui vaudra la croix de guerre. Figure imposante de la haute fonction publique française ; bâtisseur de la France d'après-guerre ; conseiller économique de Pierre Mendès France, alors président du Conseil ; conseiller de Jacques Chaban-Delmas, alors Premier ministre ; instigateur, avec Jacques Delors, de ce qu'on a appelé la « nouvelle société » ; directeur de l'ENA. Voilà pour les titres officiels, côté cour. Mais côté jardin, cet homme était un seigneur aimé de tous. Je ne l'ai pas connu, je le regrette et j'espère que ton père saura garder son souvenir vivant dans ta mémoire. Parfois, ton père me dit qu'il m'aurait beaucoup aimée, ce qui suffit à me rendre fière.

Il était un mélange d'extrême conformisme et d'extrême liberté. Au sommet de tous les grigris normatifs de la société française, tout en restant un homme libre.

Quand ton père, baccalauréat en poche, est allé le voir pour lui dire : « Papa, j'ai bien réfléchi, j'arrête là mes études… je vais vivre dans un kibboutz », Simon s'est exclamé : « Enfin ! Je me demandais quand tu allais te réveiller ! Je te voyais partir pour Normale sup' et tout le tralala. J'attendais ça depuis tellement longtemps ! Quand pars-tu ? »

Moyennant quoi ton père n'a jamais mis les pieds dans un kibboutz et s'est empressé de réussir Normale sup'.

Simon a rencontré Léone, ta grand-mère, au cabinet de Mendès France. C'était sa deuxième femme et c'est aussi ce qu'on appelle une personne « à la hauteur ». Fille d'un grand général de l'armée française rendu célèbre pour s'être évadé d'une forteresse en se faisant passer pour un nain, ce qui est cocasse quand on sait qu'il mesurait près de deux mètres. Il avait la stature de son camarade à l'École de guerre, un certain… de Gaulle. Lequel lui disait :

— Entre vous et moi, mon général, il y aura toujours votre immense orgueil !

Ainsi, mon amour, tu vois que du côté de ton père on vole haut, très haut.

Et encore, je ne te parle pas de ses oncles historiens et académiciens, Pierre et François, ni de l'autre oncle François, compagnon de la Libération, prix Nobel de médecine, également « immortel ».

Ton père n'est pas si mal non plus, même s'il considère avoir déjà considérablement abaissé le niveau familial et répète à qui veut l'entendre la boutade : « Le grand-père était un aigle, le père un faucon, le fils un vrai. »

Bon, voilà, du côté de papa, c'est du lourd. On est beau, on est grand, on est bon. De cette famille semble être exclu le glauque inhérent à chaque famille. Offenses, viols, scandales, héritages usurpés qui offrent d'inépuisables perspectives de conflits, d'alliances, d'aveux, de dettes et de vengeances. Pas de ça chez ton père. Pas d'affaire d'héritage bafoué, d'oncles pédophiles, de cousins consanguins.

Pour illustrer l'ordre de grandeur de sa famille, je dois te raconter l'anecdote de la blennorragie. Voilà comment tes grands-parents paternels ont vu leur relation clandestine découverte.

Léone lisait un roman policier et tombe sur le mot « blennorragie ».

— Simon, qu'est-ce que ça veut dire ?

La blennorragie, aussi appelée gonorrhée, gonococcie ou encore chaude-pisse, est la plus ancienne des infections vénériennes connues. Mais Simon s'amuse et préfère répondre :

— Oh, trois fois rien… c'est une grosse grippe.

Léone replonge dans son roman, armée d'un nouveau mot dans son vocabulaire.

Quelques mois plus tard, en plein Conseil des ministres, Pierre Mendès France remarque l'absence de Simon, alors conseiller économique, et demande à la cantonade :

— Savez-vous où est Simon ?

— Ne vous inquiétez pas, Président, il est juste au lit avec une énorme blennorragie, répond Léone de sa douce voix.

Éclat de rire général.

La très distinguée Léone serait au fait de la chaude-pisse de Simon ?

Mendès France comprend que ton grand-père et ta grand-mère sont intimes. Lorsqu'ils convoleront en justes noces, c'est lui qui les mariera.

Tu vois, aussi drôle que soit cette anecdote de la blennorragie, elle en dit long sur l'extraction de tes grands-parents paternels. Blague, d'accord, mais en Conseil des ministres ! Excusez du peu.

Chez moi, le décor des blagues, ce sont des restaurants tunisiens.

« Un Français commande du loup. Le serveur lui demande :

— Di lou plate ou di lou gazeuse ? »

Qui mieux que nous ?

 # Woody Allen
Ma devise est : d'où venons-nous, où allons-nous et à quelle heure on mange ?

Si tu le veux bien, mon tendre amour, arrêtons-nous un instant sur cet autre versant de l'affaire, moins illustre, mais non moins solaire, j'ai nommé ma famille. Laisse-moi te parler de l'irrésistible ascension du bonheur et de la manière dont les grands commis de l'État rencontrent parfois les petits commis de cuisine.

De mon côté, on est petit, à commencer par la taille. Personne n'est parvenu à se hisser au-dessus du mètre 65. Jusqu'à moi, ta mère, qui, sur un malentendu, me suis mise à grandir monstrueusement à l'adolescence, avec une tête qui n'a cessé de s'élever pour hisser l'ensemble à la taille exubérante de 176 centimètres.

Dans mon histoire familiale, l'ascension a commencé avec mon père et son frère, parvenus à s'extirper de la misère nord-africaine en intégrant l'école dentaire de la rue Garancière au début des années 1960. Avant eux, des religieux, des assureurs, des paysans. Avant leurs parents, on ne parlait que l'arabe. Eux sont nés français, par le décret Crémieux qui faisait des Juifs d'Algérie (leur père était un Algérien exilé en Tunisie) des Français de France. Ma mère, c'était les tropiques, des catholiques de Tahiti. Des gens modestes, comme on dit.

Ainsi, ton père et moi sommes de faux juifs.

Nos deux mères sont goys.

C'est donc mon père qui a inauguré la marche ascendante. Comment s'arracher à son milieu ? Comment obtenir une vie pour laquelle on n'était pas programmé ? Et qui a attiré ma mère, mes sœurs et moi dans sa folie des grandeurs. Son ambition consistait à entretenir l'illusion que nous n'étions pas ce que nous étions, et que nous allions redorer le blason plus vite que prévu. Nous ne possédions rien, mais nous vivions comme des rois. Ce qui a entraîné chez nous un dédoublement de personnalité nous faisant alterner sans cesse complexes d'infériorité et de supériorité.

Est-ce pour remplir les exigences de noblesse perdue de mon père que j'ai jeté mon dévolu sur le tien ? Une chose est sûre, si tu réussis (on essaiera de s'entendre plus tard sur ce que signifie vraiment ce terme), mon amour, ma vie, ce ne sera pas tant l'accomplissement de la descendance de ton père, mais bien celui de la revanche de ta mère. Il y aura dans ton succès non pas l'héritage mais le combat.

Tu seras pris en étau entre la loyauté et la revanche sociale. Tu seras à mi-chemin entre la continuité et la rupture.

Tu risques d'être bien secoué.

De là à dire que l'amour que je porte à ton père est essentiellement nourri de revanche sociale, il n'y a qu'un pas que n'importe quelle psychanalyste en ligne s'empresserait de franchir. Mais comme tu le sais, je suis très peu versée sur l'introspection.

Un frisson s'empare aussi de l'assemblée quand on évoque le nom de mon père, ton autre grand-père, Gil, pour ses nombreux talents. Mon père est un insatiable passionné. De jazz, de livres, de films et de cuisine. Il s'est mis à exceller dans tous les domaines dignes d'intérêt à ses yeux. Rien ne le prédisposait à avoir une bibliothèque aussi éclectique, à assister au premier concert de Thelonius Monk à Paris, à devenir l'ami de Stan Getz, ni à se révéler un cuisinier hors pair et à révolutionner la recette de la boulette aux artichauts. Et pourtant… Lui aussi est adulé, et les gens se précipitent à sa table pour dîner et l'entendre parler de sa vénération pour Lubitsch et Sarah Vaughan.

Cette aspiration au mieux et au meilleur en toutes circonstances a commencé lorsque mon père avait dix ans, avec le souvenir d'un homme, son arrière-grand-père : Haï Sfez. Haï a connu son apogée dans les années 1880. Il était célèbre pour avoir un magnifique burnous blanc, être un homme à femmes, à vins, à grands dîners, à rires, à fêtes ; en somme, il était l'ancêtre du kiffeur. Son aura continuait de briller sur les petits garçons – mon père, mon oncle, leurs cousins – dans les années 1940 qui les ont vus grandir. À dix ans, ils ont ainsi décidé de former le « Club Haï » et de dévouer leur vie au plaisir. Le club des bons vivants. *Haï* en hébreu signifie « la vie ». C'est ce pari-là qu'ils ont fait. Eux, les petits Juifs de Tunisie nés pendant la guerre. Laisser la guerre derrière eux. Rire en se souvenant du fameux M. Tartour qui pendant les bombardements alliés de 1943 montait tous les jours sonner à leur porte, au troisième étage de leur immeuble, pour demander à mes grands-parents où était la cave. Mon père n'a jamais trahi ce serment et malgré les lourdeurs de l'existence, il n'a jamais ployé que sous les plaisirs. La nourriture, le vin, les livres, la musique, les films, les promenades, les grandes villes, les îles : il n'a jamais cherché à extraire de sa vie que de la volupté.

Pour cela, je lui serai éternellement reconnaissante.

Pour nous avoir appris cette formule, lorsque nous étions enfants, qui résume ce génie du bonheur : Qui mieux que nous ?

Lorsque nous étions assis au soleil : Qui mieux que nous ? Lorsque nous profitions de l'ombre : Qui mieux que nous ? Lorsque nous mangions un repas, qu'il soit frugal ou copieux : Qui mieux que nous ?

La mentalité du « Qui mieux que nous ? » ne requiert pas grand-chose. De l'eau et du pain suffisent au sage pour rivaliser de félicité avec Zeus, disait Épicure. À notre sauce, ça donnait : avec des pommes de terre, de la harissa, des artichauts et du citron, on peut être les plus heureux du monde.

— Et sans artichauts ?

— On trouvera bien quelques olives.

Le plaisir en toutes choses, de la plus noble à la plus minuscule, et une vie lancée sur le chemin de l'hédonisme et de l'épicurisme.

Nous avons grandi avec le culte du bonheur, la terreur de l'auto-apitoiement, l'obligation de trouver notre voie dans la délectation. Injonction parfois angoissante tant il était interdit de se plaindre ou d'avoir du vague à l'âme. Quant à ma mère, elle a une si bonne nature qu'elle s'est parfaitement fondue dans la recherche exaltée du plaisir de mon père. Qui mieux qu'eux ?

Chez nous, donc, le mot d'ordre était la politesse du bonheur.

Chez ton père, c'était plutôt la politesse de l'austérité.

Ceux qui n'avaient pas pouvaient se permettre de désirer, quand ceux qui avaient devaient s'en tenir à la frugalité. Encore une fois, tu devras faire ton miel de cette double inspiration, en réaliser la synthèse sans crouler sous la culpabilité. Tu choisiras ta voie. Je te donne un indice, choisis le bonheur, tu auras bien le temps d'être déçu. Mais tu feras comme tu voudras – je n'ai jamais empêché le moindre mélancolique de jouir du bonheur d'être triste.

Je te souhaite de magnifiques dispositions à la gaieté et une irrépressible envie d'être heureux, je te souhaite de devenir un être de désirs, capable de satisfaire et d'être satisfait.

Et surtout, souviens-toi, quand les temps seront moins cléments : Qui mieux que ce que nous avons été, ce que nous avons eu ou ce que nous serons ? Souviens-toi de l'aïeul Haï et de son burnous. Pense à cette maxime et dors en paix :

Qui mieux que nous ?

Plutôt mourir !

 # Woody Allen
Nous nous sommes disputés et elle a remis la question des enfants sur le tapis, mais j'ai réussi à la convaincre qu'ils seraient trop jeunes lorsque nous en aurions.

On tombe amoureux, on veut construire, construction qui prend la forme dans nos sociétés d'un mariage et d'une descendance, que ce soit pour consolider l'amour ou pour oublier qu'on ne s'aime plus.

Et si désormais nous nous aimions, ton père et moi, l'étape naturelle à venir était le projet commun.

Qu'allions-nous fabriquer ensemble ?

Ton père aurait été partant pour que nous fassions le plan d'un radeau, ça aurait été amplement suffisant à son goût, mais moi, simple mortelle, simple femme soumise à la pression de ses hormones, de ses pics d'œstrogène et de l'expulsion mensuelle d'un ovule dans son utérus, j'avais une autre idée sur la question. TOI. Ton père ne voyait pas ça du même œil.

— Ça ne va pas aller entre nous. Tu voudras un enfant et moi, c'est hors de question, je préfère te le dire maintenant, jamais, JAMAIS !

— Ça tombe bien, moi non plus. Je ne veux pas d'enfant.

— Hum.

Il ne me croyait pas. Mais me voir venir avec mes gros sabots ne l'a pas empêché de se laisser prendre.

Moi aussi d'ailleurs : je crois que j'étais sincère à chaque étape.

— Je ne veux pas d'enfant, tu m'entends, j'ai donné ! Je préfère mourir plutôt que refaire un enfant ! Je préfère me couper le bras !

Et on dit que c'est moi qui n'ai pas le sens de la mesure…

Toi, ou plutôt l'idée de toi, lointaine et imprécise, est devenue un *casus belli*. Il ne pouvait y avoir qu'un vainqueur. Ton père retournait le schmilblick dans tous les sens.

— Je suis trop vieux, sois raisonnable… Et puis j'ai déjà été un père incapable avec les deux premiers… N'inflige pas cette peine à ton futur bébé.

Ou encore :

— Écoute, si tu veux un enfant, fais-le avec un homme de ta génération et je m'effacerai…

— Vraiment ?

— Je ne suis pas du genre à m'imposer. Mais si tu insistes, tu pourras me garder comme amant.

— C'est gentil.

On n'en parlait pas à chaque instant, mais cette question était un cumulonimbus menaçant, prêt à exploser au moindre orage. On marchait tous les deux sur un fil. Si j'insistais trop, il y avait le risque qu'il se rétracte pour de bon ; s'il refusait trop durement, le risque que je m'en aille. Et maintenant que ton père s'était si bien habitué à ma présence – tu vois, je ne parle toujours pas de grand amour –, notre rupture et, donc, ma disparition lui étaient devenues pénibles.

— Je ne peux pas t'empêcher de fonder une famille. Je ne peux pas te priver d'enfant. Ce serait criminel. On n'impose pas ce choix à une femme. C'est égoïste. Et puis quoi, un jour, tu auras cinquante ans, je serai mort et tu n'auras personne. C'est dégueulasse. Je ne serai pas celui par qui le malheur arrive. Il faut parier sur la vie.

Et c'est ainsi que, petit à petit, ton père, qui ne parvient à creuser son amour que dans la dette et la culpabilité, a changé d'avis. Il s'est mortifié, autoaccablé. Pour une fois, je ne l'ai pas contrarié dans son raisonnement. Je l'ai tranquillement laissé arriver à la conclusion qu'il ne pouvait y avoir d'autre conclusion que toi.

Encore une fois, ton père s'est sacrifié et de la même manière qu'il m'avait dit « J't'aime », sans crier gare, il avait fini par susurrer : « D'accord, si la vie nous offre un enfant, qu'il soit le bienvenu. »

Le déclin du sperme humain

 # Nietzsche
L'homme est, en effet, avec votre permission, l'animal stérile.

La volonté de Jean-Paul de rendre ton père stérile avait bizarrement porté ses fruits. Entre le moment où ton père a accepté la perspective d'un enfant et celui où je suis tombée enceinte de toi, une année est passée.

Après des mois de tentatives infructueuses je suis allée voir un médecin qui nous a prescrit une batterie de tests pour mesurer notre fertilité.

— Vu l'âge de monsieur…

Je fais la maligne, mais de mon côté ce n'était pas fameux non plus, l'opération d'un kyste à l'adolescence m'ayant amputée de la moitié de mon appareil reproducteur. Je n'avais pas la réserve folliculaire d'une femme de mon âge. Mon utérus ne présentait pas d'anomalie. Mes résultats sanguins étaient corrects. Bref, ce n'était pas foutu, ça marchait encore assez pour espérer une fécondation. Pour ton père, c'était une autre histoire. Il fallait en priorité réaliser un spermogramme. À contrecœur, il est allé se masturber dans une éprouvette. Abstinence pendant cinq jours. Attente des résultats : une semaine.

Stérile. C'est ce qu'il lit entre les lignes. Oligo-asthénospermie. Son sperme présente toutes les anomalies possibles.

Le verdict est sans appel. Tout est dégueulasse, cher monsieur : mobilité, survie, viscosité, quantité, aspect, volume, pH, concentration. Le pourcentage de spermatozoïdes atypiques s'élève à 99 %. Après vingt-quatre heures, tout est mort. À jeter à la poubelle. Pas même bon à engrosser un chameau. Rien à faire.

Ton père chancelle. Il se sent atteint, dans sa chair, dans ses couilles et dans son cœur. Treize millions de spermatozoïdes à peine, c'est bien en deçà de la moyenne.

J'étais à côté de lui, souffrant égoïstement, et compatissant.

Les enfants, une chose est de ne pas en vouloir, une autre de ne pas en pouvoir.

C'est pourquoi, à partir de ce moment, il a accepté toutes les expérimentations qui pourraient mener à une grossesse.

Une telle contingence te donne le tournis, mon chéri ? Être le fruit du hasard, c'est angoissant. Être celui du caprice déguisé en volonté, c'est pire.

Ainsi, alors que j'avais tanné ton père pendant des mois pour qu'il accepte de me faire un enfant, c'est lui qui a pris le relais et passé son temps à se masturber dans les éprouvettes des meilleurs centres d'analyses de Paris.

— Il n'y en a pas assez. Revenez dans une semaine. Et abstinence totale entre-temps !

C'est lui qui me rassurait quand je lui disais : « Tant pis, ce n'était pas pour nous. » Ou encore : « Voilà, tu n'en voulais tellement pas que tu as assassiné la vie dans ton sperme. »

On l'a envoyé voir un urologue, le docteur A., le grand sorcier vaudou du sperme qui n'a pas eu l'air très inquiet.

— Votre femme n'a que trente ans, vous avez le temps… Attendons un peu, vous allez prendre un traitement et on refera un spermogramme…

En attendant, il lui a prescrit des pilules naturelles hors de prix, à la graisse de poisson et d'otarie, accompagnées d'un régime méditerranéen. Ton père a gobé des amandes et de l'huile d'olive pour une vie entière.

En parallèle, nous sommes allés voir le plus grand spécialiste de la fertilité, un vieil ami de ton père, un magicien lui aussi, un peu surpris du naturel avec lequel nous lui confiions nos misères intimes. Il nous a dit de ne pas perdre de temps.

— Faites ce que le docteur A. vous conseille et on se lancera dans une procédure de FIV ICSI en janvier.

Une quoi ? Fécondation in vitro avec injection intra-cytoplasmique. En deux mots, on sélectionne un bon spermatozoïde, la femme reçoit des piqûres pour stimuler l'ovulation, au moment M de l'ovulation O, on lui extrait le plus d'ovules O', la fécondation a lieu hors du corps, on insémine directement à l'intérieur de l'ovule le spermatozoïde sain puis retour à la case départ, on remet tout ça dans l'utérus de la patiente et on prie pendant quelques jours pour que « ça tienne ». Il ne fallait pas qu'on s'inquiète, c'était surtout l'âge de la femme qui était déterminant dans le succès de l'opération et à trente ans, je n'étais plus tout à fait jeune d'un point de vue procréatif, mais assez néanmoins pour que le pronostic soit plutôt favorable.

Nous en avions parcouru du chemin ! Du « Je ne veux pas de toi », « Je ne veux pas d'enfant », à « Je fais sélectionner par la science mes plus beaux spermatozoïdes »... Nous nous tenions la main très fort, nous n'étions pas les premiers à devoir affronter l'infertilité, nous convoquions le dieu science dans ce qu'on appelait communément le « miracle de l'amour », nous nous faisions aider, nous nous faisions médicalement assister, nous allions avoir un enfant.

Le miracle de Noël

 # Rabbi Jacob
C'est ine miracle, Salomon, ine vrai miracle !

Nous étions donc sur le point de nous lancer dans une procédure de procréation médicalement assistée. C'est en tout cas avec cette idée que nous sommes partis en vacances à Tanger pour aller fêter Noël.

En arrivant, nous avons eu un rapport dont on ne savait plus s'il était sexuel, médical, amoureux, chirurgical, amical, névrotique ou compassionnel. Ton père m'a dit :

— Je viens de te faire un enfant.

Je lui ai tapoté la tête : Cause toujours, c'est pas avec ton sperme subclaquant que tu vas me mettre en cloque.

— Viens, on va aller se promener. On va passer par le petit Socco et on ira voir un film à la cinémathèque.

En rentrant, nous avons mangé un tajine, puis des grenades avec du miel. Nous nous sommes endormis en nous disant que nous nous aimions et que le lendemain, nous irions nous perdre dans la casbah.

Nous avons visité la ville et ses environs pendant une semaine. Habib, le chauffeur de taxi, nous a emmenés à Asilah et Chefchaouen. Puis nous avons plié bagage et sommes rentrés à Paris, n'imaginant pas que je revenais… avec un ovule fécondé naturellement. Dix jours plus tard, j'ai fait un test de grossesse. J'étais enceinte de toi.

À quelle équation aboutissent des faux juifs qui fêtent Noël en pays musulman ? Un miracle ! Il n'y a pas d'autre mot.

C'est étonnant à quel point le corps médical peut devenir mystique après s'être montré si défaitiste.

J'ai envoyé le résultat de ma prise de sang à tous les médecins que j'avais vus.

Incroyable !

Un miracle !

Ça arrive.

On voit de tout.

C'est l'avantage des femmes jeunes, elles parviennent à emprisonner le sperme le plus infertile dans leur ovule. Elles s'autofécondent en quelque sorte.

Sur les forums les femmes parlent beaucoup de « lâcher prise », c'est quand on s'y attend le moins… c'est quand on n'y croit plus… c'est quand on n'y pense pas… c'est quand on abandonne l'idée… Je ne me laisserai pas aller à des explications aussi hasardeuses. Je crois aux pilules à la graisse de poisson et au régime méditerranéen. Je crois aux scrupules de ton père et à mon acharnement.

Mais ce qui était survenu à Tanger était un miracle et ce qui en résultait portait un nom : une grossesse précieuse.

Une fois passés la joie, les pleurs, la sidération, j'ai demandé à ton père :

— Et si l'enfant n'était pas de toi ? Tu n'as aucun doute ?

— Aucun. Absolument aucun. C'est une évidence. Il est de Habib !

C'est que tu n'imagines pas la tête des gens quand ton père se lance dans le récit du miracle. Tout le monde le regarde avec des yeux ébahis. Ils disent :

— Incroyable ! C'est formidable ! Comme quoi... Il faut continuer à y croire jusqu'au bout !

Ils pensent : Mon pauvre vieux... Il n'y a pas de miracles, il n'y a que des femmes infidèles !

In utero

 # Winston Churchill
— Ah, Winston ! Quel miracle ce serait d'avoir un enfant ensemble ! Imaginez-vous un instant avec ma beauté et votre intelligence.
— Ah, ma chère ! Imaginez-vous un instant avec votre intelligence et ma beauté...

— Ce gosse n'a aucune chance. Je ferai une fausse couche... ou il mourra *in utero*... ou pendant l'accouchement, il s'étouffera avec le cordon... ou alors, je vais mourir dans un accident de voiture en allant à la maternité... ou je vais accoucher d'un beau bébé et puis je prendrai la voiture pour rentrer à la maison et on s'écrasera contre un poteau. Ou on rentrera sains et saufs et une nuit, le gosse s'arrêtera de respirer, mort subite du nourrisson, et ensuite, c'est moi qui mourrai de chagrin.

— Calme-toi.

— Me calmer ? Tu as fait un tour sur les forums de santé ? Écoute, c'est Anabella93 qui pose la question : « Une trisomie 21 peut-elle passer inaperçue ?

Mon fils a 2 ans et a un dvlpmt tout à fait "normal" pourtant il a qq aspects de trisomique. Depuis sa naissance j'ai l'impression qu'il a qq chose, je ne sais comment expliquer, c'est plus un pressentiment qu'autre chose (enfin j'espère). D'abord physiquement il a un petit air de trisomique surtout parce qu'il garde la bouche ouverte et bave tt le tps, il a de petits yeux avec un grand cerne en dessous. »

— Arrête de lire les forums de santé. Va plutôt faire ton échographie. Et arrête de bombarder du produit antimite dans tout l'appartement. Tu veux l'empoisonner ?

Comme tu peux le constater, mon tendre amour, ton père commençait à perdre patience.

Les premières semaines de ta vie biologique se sont résumées à ça, moi surfant sur l'angoisse et les forums de santé et ton père, en mode Jacques le fataliste, essayant de m'expliquer que tout allait bien se passer, Allez, respire.

Tu as été conçu un 25 décembre, j'ai appris ton existence le 11 janvier, et depuis, je crains de te perdre à chaque éternuement.

Le 7 mars, j'allais te voir pour la première fois.

Douze semaines d'aménorrhée… Quèsaco ? Un supplice utilisé par les dictatures sud-américaines ? Non, ça veut dire que douze semaines se sont écoulées depuis la fin de mes dernières règles. Grâce aux forums, j'ai découvert un nouveau champ lexical. N'importe quelle idée saugrenue qui me passe par la tête est déjà passée par la tête d'une femme qui a osé poser la question sur un forum. De ces *no man's land* numériques, la honte est exclue. On y balaie tous les sujets, de la vergeture classique à la crise hémorroïdaire aiguë. Est-ce que je peux faire une fausse couche en riant, en toussant, en éternuant ? Il a fallu déchiffrer les abréviations : gygy, zozos, BB1, essai BB2. Il faut beaucoup se reposer, écouter son corps, être attentive à ses ovaires, et faire attention. Attention ! À tout. Le chlore, attention. Le vernis à ongles, danger. L'alcool, péril. Du tarama, quoi, vous êtes folle ? Un sushi ? C'est le meilleur moyen de tuer votre enfant. Ne parlons pas du danger des tomates, de la salade et des endives. Des armes nucléaires. Et les huiles essentielles… S.O.S. Un Coca ? Et pourquoi pas un café pendant qu'on y est…

C'est donc fébrile que je me dirigeai vers le cabinet de radiologie.

C'est toi que nous cherchons aujourd'hui, au fond de la cachette où tu as élu domicile il y a quelques semaines.

Mon chéri, à l'heure où j'écris ces lignes, je ne suis pas à 100 % certaine que tu sois de sexe masculin. Le médecin a dit :

— 70 %… Oui… 7 chances sur 10 que ce soit un garçon.

J'ignorais encore que les échographies fonctionnaient comme les pronostics de *Paris-Turf*.

Je ne suis pas à 100 % sûre que tu aboutisses, autrement dit que tu naisses. Et si tu nais, personne ne peut garantir à 100 % que tu sois en bonne santé.

— Vous voyez... ça... c'est ce qui me fait penser que c'est un garçon.

— Son fémur ?

— Non, c'est son sexe.

Tu te rendras compte bien assez tôt de mes grandes compétences en anatomie.

— Ça fait à peine deux mois que je suis enceinte, comment vous pouvez déjà savoir ? C'est parce qu'il a un gros kiki ?

— Euh... non, madame, je ne peux pas vous garantir la taille du sexe de votre enfant.

— À quel pourcentage évaluez-vous ses chances d'avoir un gros kiki ?

On ne rigole pas avec les pourcentages, alors j'ai repris l'air grave et serein qui convenait.

Il t'a fait bouger à l'intérieur de mon ventre pour mesurer l'os de ton nez, ta clarté nucale, ton cerveau parfaitement divisé en deux comme un beau papillon, j'ai vu tes bras, tes mains, tes jambes, tes pieds, ta vessie. Il paraît que tu fais déjà pipi. Je n'ai pas osé dire que je trouvais ça un peu dégueu. J'ai souri. J'ai entendu ton cœur battre à 160 pulsations par minute. Le médecin a dit que tu étais bien accroché et que, sauf infection majeure – toxoplasmose, je suis immunisée, rubéole, je suis immunisée, et d'autres choses aux noms terrifiants que j'ai oubliées –, tu arriverais à terme. Selon les calculs qu'il a effectués et les résultats de la prise de sang de dépistage de la trisomie 21 par les marqueurs sériques maternels, tu as seulement 1 chance sur 2 694 d'être trisomique.

Pas de quoi faire une amniocentèse. Ou des insomnies. Et pourtant, le risque n'est jamais nul. Et si la division cellulaire n'avait pas lieu ? Je préfère garder mon quota de questions pour les choses vraiment importantes.

— Est-ce que vous pouvez me dire, d'après l'échographie, si cet enfant est prognathe ? Vous pouvez y aller… Je peux tout entendre.

— Non, alignement parfait du menton.

Je dois préciser que mon père est dentiste, que je suis sensibilisée depuis le plus jeune âge aux malformations dentaires et qu'il existe bel et bien des cas de prognathie dans la famille de ton père.

— Madame, votre enfant va bien, toutes les mesures sont correctes, votre poche amniotique est parfaite, votre grossesse est viable, vous pouvez l'annoncer autour de vous, vous me devez 90 euros, je ne prends pas la carte.

Jusqu'à ta naissance, tout sera affaire de pourcentages et d'algorithmes, de dangers et de risques jusqu'à ce que tu deviennes, *inch'Allah*, plus qu'une probabilité, un être humain.

Tu seras une femme, mon fils !

 # Chimamanda Ngozi Adichie
Nous sommes tous des féministes.

Tu aurais vu ma tête quand j'ai su que tu serais un garçon. Je n'ai jamais cru que j'aurais un enfant. Mais rêvant parfois de tenir un bébé dans mes bras, j'imaginais une fille. J'avais déjà le prénom, je l'aurais appelée comme ma grand-mère paternelle, ton arrière-grand-mère maternelle, donc. Haydée. C'est le prénom de l'esclave grecque dans *Le Comte de Monte-Cristo*. J'adorais ma grand-mère. C'était une femme dure et drôle, persuadée d'avoir inventé le verlan dans les années 1920 à Tunis avec ses amies. Lorsqu'elles ont été vieilles et veuves et qu'elles vivaient toutes dans le 15e arrondissement de Paris, elles continuaient à se moquer des passants en verlan comme si elles avaient revêtu une cape d'invisibilité :

— Gardere là-celle à técô de oit…

Et elles riaient. Elles riaient tout le temps. J'aurais aimé avoir une fille qui me rappelle son rire.

C'était elle la grande prêtresse du proverbial « Qui mieux que nous ? ».

Depuis notre enfance, elle nous racontait ses souvenirs. Lorsqu'elle et ses sœurs étaient petites, leur père leur interdisait d'aller se baigner à la mer. Elles y allaient malgré tout et pour qu'il ne voie pas qu'elles avaient pris le soleil, juste avant de regagner la maison, elles s'enfarinaient le visage. Leur père n'y voyait que du feu.

Elle nous racontait pêle-mêle des histoires qui avaient des accroches sensationnelles.

Exemple :

— Bien qu'il fût huissier, c'était un homme de peu de cœur.

Elle parlait de Vittorio Boccara, le mari d'une de ses sœurs. Il avait un fils, très intelligent, agrégé, économiste du parti communiste, ça ne s'invente pas, qui avait des vues sur la fille Cohen-Tannoudji, belle et appartenant à une famille fortunée. Or les Boccara avaient peu de moyens et habitaient un appartement exigu, sans femme de ménage ni cuisinière. Ça sentait le roussi pour le fils Boccara. Alors ma grand-mère s'est proposée pour venir jouer la cuisinière. Elle s'est affairée dans la cuisine pendant que les parents essayaient de conclure les noces et à la fin de la soirée, elle s'est drapée dans un voile comme une fatma et, avant de partir, a lancé en direction de l'auditoire avec un accent arabe :

— *Bonsoirr I'a madame !*

Et il y avait, comme ça, une collection d'histoires qui formaient les mille et une nuits de la vie en Tunisie. L'affaire des graines de coriandre nous faisait beaucoup rire. Son frère Victor fréquentait une ouvreuse de théâtre, goy, autant dire une strip-teaseuse. Alors ma grand-mère a dit à la famille : « Ne vous inquiétez pas, je m'en charge. » Elle est allée au théâtre le soir en embuscade, a attendu que son frère et l'ouvreuse passent à côté d'elle et elle a jeté par terre un sac de graines de coriandre censées créer une dispute entre ceux qui les piétinent. Le soir même, ils étaient séparés ! Morale de l'histoire : toujours avoir un sac de graines de coriandre à proximité.

En réalité, les parents de mon père étaient un peu atypiques. Ils ont été les premiers à avoir un réfrigérateur dans le quartier de la rue des Tanneurs à Tunis. C'était l'attraction. Et puis, ils étaient les seuls Français. Ils parlaient mal l'arabe. Ils allaient au restaurant tous les dimanches, et une fois par an à l'Alsace, la meilleure table de Tunis. Ils mangeaient des crustacés. C'est d'ailleurs parce qu'ils étaient français qu'ils ont fait leur service militaire et parce qu'il a fait son service militaire que mon père a été envoyé à Tahiti et y a rencontré ma mère.

Voilà de quelle personne j'aurais aimé que tu tiennes. Haydée. Celle qui a fini sa vie porte des Lilas, dans un institut pour personnes âgées juives atteintes d'Alzheimer. Que des vieux Juifs qui avaient perdu la mémoire. Elle y était avec son frère qu'elle ne reconnaissait plus. Ils ne savaient pas qu'ils étaient frère et sœur, mais ils passaient leur temps ensemble. Ce qui ne l'empêchait pas, elle, de rester sur le qui-vive. Quand il venait l'embrasser dans sa chambre, elle appelait la sécurité :

— Il y a un drôle de coco qui essaie d'entrer dans ma chambre… Venez !

Mais tu seras un petit garçon.

C'est là que ça se corse.

Si tu avais été une fille, j'aurais pu te dire que les hommes sont des créatures immatures, inférieures, sommaires, faibles. J'aurais pu t'expliquer par A+B, par C+D, et par toutes les lettres de l'alphabet dans n'importe quel ordre, en quoi ils nous sont infiniment redevables et comment ne jamais, au grand jamais, se laisser abuser et prendre dans les filets de leur système de domination. Bref, j'aurais fait de toi une femme forte.

Mais un garçon ! Que veux-tu que je fasse d'un garçon ?

Une chance sur deux pour que ton père mette le Y. C'est ce qu'il a fait. Je ne vous félicite pas.

Comprends-moi, il n'y a qu'à regarder dans un bac à sable pour comprendre que les garçons ont deux options : soit ils ont le regard éteint, soit ils jouent aux durs. Dans tous les cas, ils sont agaçants, déjà accablés par la charge qui pèse sur leurs épaules et dont ils savent qu'ils ne pourront pas l'assumer. Masculinité oblige…

Le masculin est une sale engeance et la masculinité une charge trop lourde.

Peut-être que ta génération vivra l'avènement de la première génération garantie 100 % féministe. Mais j'en doute.

M'incombe la lourde tâche de faire de toi un brave bougre, un honnête homme, un délicat, un tendre, en même temps qu'un dur à cuire qui ne s'en laisse pas conter. Je ne sais déjà plus où donner de la tête.

Un grand chantier en deux étapes :

1) faire la paix avec les hommes ;

2) faire de toi un homme admirable.

Les lamentations du prépuce

 # Riad Sattouf
Comment on peut me couper le zizi ? On peut pas couper ça ! C'est hyper bien attaché !

Je mets la charrue avant les bœufs. Avant de savoir quel genre d'homme tu seras, concentrons-nous sur ce qui fera de toi un homme, à la maternité, d'un point de vue strictement médical, ce qui te séparera de l'autre grand groupe d'êtres humains, concentrons-nous sur ton pénis et, à l'extrémité de celui-ci, ton prépuce.

J'ai grandi sur une île où le prépuce, c'était le diable. Les insultes fusaient :

— Espèce de *Taioro* !

— Celui-là, c'est un « peau devant » !

Taioro : « Celui qui n'est pas circoncis », en tahitien. Une manière de rejeter le Blanc, l'oppresseur, celui qui n'a même pas eu la décence de se la couper. La circoncision, à Tahiti, se passe autour de treize ans, quand le garçon est en âge de se présenter à une femme. Historiquement, c'est un rite de passage, comme le tatouage. On inscrit sur son corps le passage d'un âge à un autre. Ma mère nous raconte souvent comment ses frères avaient été circoncis : on les alignait tous sur la plage, on tranchait le prépuce avec un bambou taillé, et ils se précipitaient dans la mer pour que le sel aide à la cicatrisation.

J'ai donc grandi avec un père juif, circoncis, dans une île de Polynésie où le prépuce devait être aboli aussi sûrement que le cannibalisme. Pas beaucoup de place dans mon imaginaire pour cette peau pendante.

Ton papa avait aussi une idée arrêtée sur la question. Il a, tu l'auras compris, des idées arrêtées sur tout. Mais pas toujours au même endroit. Un garçon doit avoir le même sexe que son père. Autrement dit, étant circoncis, il ne pouvait pas imaginer que tu ne le sois pas.

Et très vite, avant même que ton prépuce soit formé, autour de quatre semaines, il a été question de l'entamer.

Comment commencer une vie avec tous ces gens qui veulent te couper ? Et qui font une fête pour l'occasion ? Quel genre d'homme devient-on ? Mon père a proposé un grand buffet tunisien. On appelle le rabbin et *paf*. Je l'imagine s'approcher de toi avec ses vieux outils rouillés. Je dis : « OK pour la circoncision, mais à l'hôpital. » Ton grand-père, mon père, donc, tourne religieux pour l'occasion. Tu verras, les gens redeviennent mystiques au moment des morts et des naissances.

Il est donc question d'une fête avec le rabbin :

— On a tous été coupés sans anesthésie, on ne s'en porte pas plus mal, dit mon père quand j'essaie d'objecter que tu vas souffrir.

En réalité, mon angoisse se porte sur la cérémonie et surtout sur l'association de ma famille à celle de ton père.

Chez ton père on est juif, mais alors discrètement, pas à coups d'alcool de figue, de bricks et de makrouds.

Comment faire cohabiter des jouisseurs, façon *La Vérité si je mens*, et des neurasthéniques, façon *La Liste de Schindler*, dans notre salon, devant le spectacle de ton kiki amputé ?

Des questions folles assaillent mon esprit sain.

Est-ce que tu te masturberas plus si tu es circoncis ou si tu ne l'es pas ?

Est-ce que le rapport des juifs au sexe est aussi névrotique parce que leur sexe est coupé ?

Vas-tu te transformer en petit Portnoy précoce ?

Ai-je le désir secret de faire de toi un être asexué ?

Est-ce que je pourrai garder ton prépuce et m'en faire une amulette que je porterai autour du cou ?

Est-ce que l'hygiène n'est pas le mot qu'on utilise pour camoufler une intention moins propre ?

Est-ce que je veux t'amputer pour que tu sois toujours incomplet et donc toujours à moi ?

Par quelque bout qu'on prenne cette affaire, elle nous mène sur le chemin scabreux de la psychose et je ne pourrai m'en prendre qu'à moi-même quand tu te seras transformé en Anthony Perkins et que tu assassineras des femmes sous la douche avant de mettre une perruque pour me ressembler. Je n'avais qu'à laisser ton kiki intact.

Je reçois des textos en rafale d'amis de mon père, d'amis d'amis, voire d'inconnus. « Tel *Moehl* est formidable » ou « Tel rabbin accepte de couper même s'il n'est pas 100 % juif », « Untel fait ça très bien. Le bébé ne sent rien. Appelle Untel de ma part, c'est le meilleur ». Je connaissais la propension des gens à considérer qu'ils avaient tous le meilleur dentiste ou le meilleur ostéo, je découvre maintenant leur certitude de posséder les coordonnées du meilleur circonciseur du monde libre.

Même ton père s'y met.

Il rentre d'un déjeuner avec Delphine Horvilleur, l'une des deux femmes rabbins qui exercent en France. Il a un faible pour elle, ce qui s'exprime chez lui par un sérieux :

— Elle est… intelligente.

Il me fait penser à ces misogynes qui en guise de compliment n'arriveront jamais qu'à formuler un timide : « Elle est futée. »

Ton père, donc, me dit :

— Ne t'inquiète de rien, j'ai demandé à Delphine Horvilleur, elle m'a indiqué un rabbin séfarade et un ashkénaze, on n'a plus qu'à choisir.

— Ah ! Mais je pensais que tu ne voulais pas de cérémonie religieuse.

— Écoute, si ça fait plaisir à ton père… Je lui ai demandé si elle connaissait un bon *Moehr*…

— Un bon quoi ?

— *Moehr* ! Circonciseur, quoi !

— Un *Moehr* ?

— Ben… Oui…

— Tu sais qu'on dit un *Moehl* ? Mohair, c'est de la laine. Elle a dû croire que tu voulais lui tricoter un pull.

— Ah ! C'est pour ça qu'elle m'a regardé étrangement pendant tout le repas…

Vierge à tout prix

 # Astrologie
L'homme Vierge fonctionne à l'ancienne. Il est romantique et obéit aux règles de l'amour courtois. Il cherche une femme intelligente, agréable et plutôt pragmatique. Il souhaite construire un foyer solide et bien organisé, rempli de petites choses rassurantes.

Ton père et Jean-Paul s'apprêtent à se rendre à l'enterrement de Serge Doubrovsky.

— Quand va-t-il naître ?

— Prévu le 25 septembre.

— Balance ? Oh non, ne fais pas ça, dis-lui d'aller à la piscine, chez l'acupuncteur ou ce qu'elle veut, mais ne la laisse pas te faire une Balance dans le dos.

— C'est si grave ?

— Vierge ! Il faut que ce gosse soit Vierge à tout prix !

À voir sa tête, on se dit que la Balance est un motif d'avortement.

Les deux compères se rendent au parking.

Soudain, Jean-Paul agite furieusement les mains.

— Mon portefeuille, je l'ai perdu, je l'ai laissé sur la table au café…

Alors, ton père sort du parking, retourne au café, cherche le portefeuille. Personne ne l'a vu. Ni les serveurs ni les clients. Bon. Ils roulent en direction du cimetière de Bagneux. Jean-Paul se recueille :

— Mon ami, n'en parlons plus. Cet épisode est oublié. Je ne te demande qu'une chose. Le jour où tu publieras ma biographie, veille à ce qu'on dise que je n'étais pas homme à me laisser accabler par les petits tracas du quotidien… Tu sais, je me mets à perdre tout, tout le temps. Je suis d'un signe astrologique extrêmement méthodique, mais depuis quelque temps, le désordre règne, alors j'ai appelé l'amie Catherine, ma spécialiste en astrologie, qui m'a dit « Va tout de suite sur Astroflash et cherche ton ascendant, car, mon Jean-Paul, tu dois savoir que l'ascendant prend le pas sur le signe dans la deuxième partie de vie des individus… » Bien évidemment, mon ascendant est le plus désorganisé qui soit… Alors tu vois, je suis scindé en deux, mon pire ennemi s'agite en moi comme un dibbouk, il ne faut pas lutter, mon portefeuille qui disparaît, ce n'est rien d'autre que mon ascendant qui prend le dessus…

En descendant de voiture, ton père lui a demandé la permission de le fouiller. Le portefeuille était dans la poche droite de sa veste.

— Oh, eh bien, c'est un miracle… Je ne crois pas en Dieu, mais force est de constater qu'il me veut du bien à travers toi. Mais je t'en conjure, fais que cet enfant soit Vierge. Il en va de toute l'organisation de sa vie !

La différence d'âge, 2

 # Blague juive
Une Polonaise, après vingt ans de mariage, le matin en se levant et en se regardant dans la glace : « Bien fait pour lui ! »

Hier soir, Emmanuel Macron a été élu président de la République, mettant fin à des mois de campagne électorale nous ayant tous laissés exsangues. Ainsi, le jeune homme de trente-neuf ans auquel personne ne croyait il y a encore six mois est désormais à la tête du peuple le plus ingouvernable de l'hémisphère Nord. Si l'on voulait s'amuser à faire de la psychologie nationale, on trouverait sans doute le cœur de la personnalité française dans son inclination à la dette. Mais c'est surtout dans sa mentalité première et reptilienne qu'il faut aller chercher des explications : les Français sont un peuple de créanciers. Une dette nous est due, car nous sommes la France, merde alors, c'est qui qui a inventé les droits de l'homme, la révolution et tout ce qui fait le sel des meilleures comédies musicales, dette jamais honorée qui nous plonge dans la rancœur, le déni, la suffisance. Car nos requêtes sont grandes et sans cesse renouvelées. Impossibles à rassasier, en somme. Autrefois, les dettes, c'était nous qui les contractions. Dettes envers les pauvres, les faibles, les exclus. Sauf qu'on ne peut plus payer le tribut de ces dettes-là. On est fauchés. Plus rien à l'intérieur. L'amour du prochain a cédé la place à la haine de l'autre. Et la France est devenue la patrie de la haine de soi. Comment supporter le poids de valeurs que nous professons mais sommes incapables d'appliquer ? Eh bien, en cessant de contracter des dettes, en en fabriquant chez autrui et en nous empressant de réclamer notre dû. En sortant de la culpabilisation – fait chier, la repentance, c'est qui qui leur a apporté des écoles, fait chier les migrants, on peut pas accueillir tout le monde, fait chier les DOM-TOM, on sait même pas où c'est Saint-Pierre-et-Miquelon, fait chier les riches, fait chier les pauvres, fait chier la finance, fait chier les ploucs, fait chier les pourris, fait chier les nantis, fait chier la France !

Alors il va falloir y aller, pour réussir à rembourser aux Français ce que le chef de l'État leur doit. En marchant ou en courant, Emmanuel Macron a du chemin à parcourir.

Mais ce n'est pas ce qui intéresse les gens.

T'ai-je dit que Paris était la capitale de la médisance ? Le sport favori du Parisien reste le cynisme, qu'il soit agressif ou détaché. Entre deux bouchées de croissant, deux gorgées de café, il trouvera toujours le temps de laisser échapper un sarcasme plus ou moins fielleux. Malheureusement, les convives les plus sympas sont souvent aussi les plus méchants. Chapeau, si tu parviens un jour à passer un dîner sans entendre une horreur sur un proche, un ami, un cousin éloigné ou un oncle d'Amérique. Et quand on a rongé tous les os, il reste toujours les hommes politiques à décharner.

Ainsi Emmanuel Macron, trente-neuf ans, est marié à Brigitte Macron, née Trogneux, une femme de vingt-quatre ans son aînée.

On me dira que je prends l'histoire par le petit bout de la lorgnette. Mais voilà, quand j'entends la déferlante de propos obscènes sur l'âge et l'allure de Brigitte, je me sens proche d'Emmanuel. Tous ensemble dans le même bateau, nous autres parias de l'amour.

Les deux grandes questions qui animent ce début de mandat : Comment a-t-il financé sa campagne ? Quelle bite suce-t-il ? Forcément, pour être avec une femme pareille, c'est que sa préférence va aux hommes. La relance keynésienne, la refondation de l'Europe ? Aux chiottes. Laissons la place aux :

— Comment peut-il avoir une femme aussi moche ?

— Non, mais elle est populaire en province.

— Elle a un petit côté vulgaire qui plaît aux prolos.

— Le côté lunettes Chanel, pantalon en cuir, c'est l'image que se font les pauvres du chic.

— Globalement, ils la trouvent classe.

— Passé Clamart, elle est considérée comme élégante.

— C'est la Jackie Kennedy du Touquet.

— Tu vas voir, ils vont nous la foutre en couverture du *Elle*. Ce sera le pompon.

L'actualité politique est une fois encore l'occasion d'éprouver nos différences, à ton père et à moi. Je dirais même plus, c'est une épreuve pour ton père que de me voir réagir au monde qui nous entoure. Il y a en lui une fascination pour la chose politique, mâtinée d'un mépris pour la classe politique. Paradoxal, oui, je sais. Il ne peut s'empêcher d'être captivé. Il en redemande. Débat, intervention, meeting, il n'en a jamais assez.

Moi, ce qui m'intéresse, c'est de savoir si tu deviendras président des États-Unis.

— Tu penses qu'il pourra devenir président ? Quelles études doit-il faire pour devenir président ?

Question annexe, j'en conviens, eu égard à la marche catastrophique du monde.

Mais mes interrogations valent tout de même mieux que les pénibles brèves de comptoir :

— On vote avec sa bite. Les mecs, ils votent Marion Maréchal-Le Pen parce qu'ils ont envie de la prendre à quatre pattes.

— Macron, il se fait enculer.

— Comment tu peux dire ça ?

— Je le sais, mon coiffeur me l'a dit.

Ton père continue à se boucher les oreilles et à se passionner sincèrement pour l'élection présidentielle. Je lui demande :

— Tu crois que tu pourrais être nommé ministre de la Culture ?

— Jamais de la vie !

— C'est dommage, j'ai toujours rêvé d'habiter au Palais-Royal. Vraiment aucune chance ?

— Aucune ! Et quand bien même, avec notre fils qui arrive… Ce serait bien le moment !

— Je lui dirai qu'on te l'a proposé et que tu as refusé pour t'occuper de lui, il sera content.

— Tu ne vas pas commencer à mentir à cet enfant avant même qu'il soit né ?

Je vais me gêner.

Mon amour, c'est à cause de toi que ton père n'a pas été ministre de la Culture. Le plus beau poste de la République ! Il l'a refusé pour toi. Quel enfant chéri tu es !

Qu’est-ce que vous faites dans la vie ?

 # Jean Eustache
— Tu es bête, tu n’as pas de conversation ?

Qu’on parle de politique et du physique des hommes politiques – ou plutôt de celui de leur femme –, on utilise la conversation comme toile de fond de ses propres pensées. La conversation devient un grand tableau à plusieurs mains où chacun reste pourtant enfermé à l’intérieur de lui-même. C’est un art que tout le monde ne maîtrise pas de la même manière. L’intérêt feint ou réel qu’on porte aux autres. La faculté à faire parler son interlocuteur, à l’écouter ou à le terrasser par ses mots. Pour moi, la conversation se limite à un échange de feux croisés où l’on tue ou bien où l’on se fait tuer. Canarder les autres, voilà à quoi revient la parole. Penser à tuer et se cacher sous la table pour sauver sa peau. Mais pour ton père, les mots ne sont pas uniquement des bombes et des balles, le langage demeure une forme de communication.

C’est pourquoi il est à ce point effondré par mon silence en société. Le niveau de ma conversation est équivalent à celui d'une blatte venant de se prendre un coup de bombe anti-insectes. Lui, son truc, ce sont les grandes idées, qu'il agite dans tous les sens avec de « grands mots », comme disent ton frère et ta sœur. Moi, je donne plutôt dans l'infiniment petit, le concept minuscule. Plus c'est chétif, plus ça me plaît. Oh, il y a de la lumière dans l'ampoule, c'est incroyable, quand même, la technologie ! Comment tu crois qu'ils allumaient les bougies dans les lustres à Versailles ? Toute l'existence se pose en termes de dilemmes insolubles. Tu préférerais mourir asphyxié ou noyé ? Tu préfères avoir des dents en mousse ou des jambes en carton ? Tu es à la montagne, il faut couper la corde ou bien tout le monde meurt, il y a ta mère et moi, tu sauves qui ?

Il arrive à ton père de perdre sa légendaire patience.

— Je n'entre pas dans ton jeu, c'est vraiment trop bête.

Dans ces conditions, les dîners en ville se transforment en supplice.

Pour moi d'abord.

J'attends avec des sueurs froides la question qui fâche, mais qui surgira quoi qu'il arrive, séisme ou alerte enlèvement :

— Et vous ? Qu'est-ce que vous faites dans la vie ?

C'est l'anticipation de la question qui crée l'angoisse, comme dans tous les mécanismes de torture, c'est la préfiguration de la douleur qui l'augmente.

Je peux me taire, sourire, rire, manger, boire, je sais qu'on me posera cette question, à un moment ou un autre.

— Qu'est-ce que vous faites dans la vie ?

Je voudrais répondre : « Et ta mère ? Elle fait quoi, ta mère, dans la vie ? »

Ajoute l'ennui à la peur et te voilà entré dans les zones opaques du pouvoir. L'ennui est un instrument de contrôle social. Le pouvoir n'est rien d'autre que le pouvoir d'imposer l'ennui, d'ordonner la léthargie et de la combiner avec l'angoisse. Le véritable ennui, l'ennui profond est assaisonné de terreur et de mort.

Il faut dire qu'un dîner parisien se nourrit principalement de commentaires sur l'actualité et la politique : on y retrouve dans la bouche des convives les éditos qu'on peut lire dans la presse. Quels agréments peut-on retirer de ce genre de méta-blabla ? La seule chose qui m'intéresse, c'est de savoir qui a eu des enfants, qui n'en a pas voulu, qui n'a pas réussi à en avoir, quels sont les rapports des gens avec leurs parents, avec leurs frères et sœurs, quelles personnes ils aiment, de qui ils sont aimés. Bref, la grosse bouillie de l'intériorité qui n'a pas droit de cité dans un dîner parisien où la plupart des convives auraient leur place dans une anthologie des « grands ennuyeux du monde contemporain ».

Alors arrive le moment où un malheureux se tourne vers moi et me pose une question. Il m'arrive de répondre :

— Euh, oui…

Que j'alterne avec des :

— Euh, non…

Et dans les moments de grande maîtrise, je parviens à la synthèse inspirée :

— Euh, peut-être…

Je vois ton père à l'autre bout de la pièce commencer à s'inquiéter. Voire à s'agacer. Il a envie de me caillasser. Oui, non, peut-être. Qu'est-ce que c'est que cette débile ? On n'a jamais vu le don de la parole aussi mal employé. Elle aurait mieux fait d'être muette. Elle aurait eu une excuse. Je le vois dégouliner dès qu'on me pose une question. Suspense à son paroxysme, genre dernier épisode de *Koh-Lanta*. Va-t-elle arriver au bout de sa phrase ?

Lui, il parle, il parle, il parle. Il pose des questions. Pas sûr qu'il écoute les réponses. Mais enfin, il met une pièce dans le juke-box au bon moment. Il ne laisse pas la courbe redescendre. Pas de temps mort. Pas de blanc.

Ah, le blanc, ma spécialité !

Et l'effrayante question arrive :

— Et vous, qu'est-ce que vous faites dans la vie ?

Comment répondre à ça ?

— Euh… J'écris… Euh…

— Vous écrivez quoi ?

— Euh… Des romans…

— Et vous êtes publiée ?

— Euh, oui…

— Ah ! Par votre conjoint…

Là, tu sens le soulagement chez l'interlocuteur, tout rentre dans l'ordre, la fille est une semi-débile que le patron d'édition a dénichée dans un caniveau et qu'il publie pour se narcissiser. Une personne au physique favorable ne peut qu'être amputée du bulbe. Une justice immanente ferait des beaux des cons, et des laids des esprits supérieurs. Comme si ce n'était pas Ettore Scola qui avait raison et que nous n'étions pas tous affreux, sales et méchants.

— Euh, non… Je suis publiée chez Julliard.

— Ah…

Là, c'est à nouveau la consternation chez l'interlocuteur. Il hausse les épaules, il ne comprend plus rien. On publie vraiment n'importe qui aujourd'hui.

En rentrant, ton père m'encourage :

— Tu pourrais faire un effort, quand même… On va vraiment finir par croire que tu t'es pris un coup sur le lobe occipital.

— Toi, mon amour, tu es un causeur social, tu manies les mots dans le vide, tu remplis ton rôle. Moi, je suis une commentatrice de l'intime : lance le sujet de l'adultère et je ferai des miracles. Je vous laisse les élections présidentielles !

— Oui, bon, tu n'as encore pas dit un mot au dîner…

— Ouais bah, ils peuvent me prendre pour une débile, moi au moins, je sais qu'on ne tient pas son couteau entre le pouce et le majeur !

Des conséquences alcoolisées de l'ennui

 # Winston Churchill
— Si j'étais votre femme, je mettrais du poison dans votre verre !
— Si j'étais votre mari, je le boirais !

L'ennui et la sociabilité, mon chéri, mènent à différents chemins. Celui que j'ai choisi d'emprunter porte le doux nom d'alcool. Camarade à la vie à la mort de la timidité et de l'ennui. On n'est plus jamais seul. Ce n'est pas tant que ça désinhibe, ça permet plutôt de supporter son propre silence. Boire, c'est comme être sous l'eau. Tout est ralenti. On regarde les autres comme des poissons. On ne se sent pas observé. On est tranquille. La nuit, au fond de l'océan.

Dans des situations délicates, dîners, cocktails, réunions familiales, quand tu as l'impression, non la certitude, que le cancer de l'ennui s'attaque à tes organes vitaux, un seul conseil : bois ! Plus je bois, plus je veux paraître sobre. Alors je me raidis, de peur de parler trop fort, je m'exprime de plus en plus doucement, je deviens une tige inquiétante aux yeux exorbités et à la voix inaudible. Pour ce que je parviens à articuler, tu me diras, ça ne paraît pas essentiel d'être entendue.

J'ai pour l'alcool un amour dévorant. Chaque homme a une passion qui le mord au fond du cœur, comme le ver dans le fruit, disait Dumas. La mienne, c'est la liqueur. La première chose que je me suis dite après avoir découvert les résultats de la prise de sang qui m'apprenait ta venue, c'est : Aïe, je ne pourrai pas boire ce soir. J'ai même eu l'indécence de penser que j'aurais pu attendre quelques jours pour faire le test et ne pas être immédiatement privée de ce qui faisait ma joie quotidienne dès la tombée de la nuit.

Je devrais te parler de mon bonheur, mais prime ma terreur de devoir faire pendant neuf mois sans mon principal allié dans l'existence : le vin.

C'est la vérité, mon ange, et je te la dois.

Arrêter de boire, c'est comme un chagrin d'amour. D'abord, tu as l'impression que tu vas en mourir, puis la perte cède place à une lente désagrégation, une dépression chevillée au corps, une noirceur, une perte d'appétit. Petit à petit, tu regardes le monde à nouveau, et en moins de deux te voilà lorgnant sur la première boisson gazeuse qui passe, à t'imaginer le goût du *ginger ale* dégringolant dans ton gosier, à penser à ce que ce Coca Zéro pourrait pour toi, à réévaluer ce qui est bon et ce qui n'est pas bon, le temps perdu dans des passions qui n'en valaient pas la peine. Mais bientôt, tu rechutes, tu as envie d'envoyer un texto au premier vigneron de Bourgogne, de tendre une perche, jeter une bouteille à la mer, tu n'as plus de dignité, tu deviendrais l'ombre de son ombre, l'ombre de sa main, l'ombre de son vin.

Je n'ai jamais été portée sur la cigarette. Mais je suis avec l'alcool comme le héros d'Italo Svevo avec ses clopes. Dans *La Conscience de Zeno*, en s'analysant, le personnage est assailli d'un doute : « Peut-être n'ai-je tant aimé le tabac que pour pouvoir rejeter sur lui la faute de mon incapacité. Qui sait si, cessant de fumer, je serais devenu l'homme idéal et fort que j'espérais ? Ce fut peut-être ce doute qui me cloua à mon vice : c'est une façon commode de vivre que de se croire grand d'une grandeur latente. »

Je pouvais donc, avant toi, vivre dans la conviction de ma supériorité. Sobre, je dois ouvrir les yeux. Et ce n'est pas beau à voir. Soi, le monde, la situation. On ne vit pas une époque où l'on peut être impunément à jeun. Il faut repenser tout son rapport au monde et aux autres. Tu n'as plus d'amis. Tu es seul.

Mais celui qui n'est pas mécontent, c'est ton père.

Les hommes sont terrifiés par les femmes qui boivent. De la petite vérole. Je crois que c'est le côté expansif de la chose qui leur fait peur. En ce qui me concerne, je ne suis pas dans l'alcool exubérant et centrifuge, j'ai l'alcool oisif, cotonneux et solitaire. Centripète, en somme. Pour moi, rien que pour moi.

Ton père m'a rapporté sa dernière discussion avec Jean-Paul, qui s'enquérait de ma santé.

— Oh, tu sais, les premiers mois, ce n'est pas marrant, elle est malade et puis… elle ne peut plus boire.

Jean-Paul, tout en nuances :

— Quoi, elle boit ? Alors là, non ! Tu lui dis, hein, déjà que tu lui as fait cet enfant dont tu ne voulais pas, tu t'enfermes pour les vingt prochaines années, alors il faut qu'elle remplisse sa part du contrat. Les femmes qui boivent, c'est la lie de la terre ! Je te rappelle qu'elle aura huit kilos à perdre après la naissance. Elle ne va pas se transformer en grosse dondon !

Une mère célèbre

 # Sempé
Assez parlé de moi… Parlons de mes livres !

J'aimerais que cette histoire nous montre sous un jour plus favorable, mais tu es trop malin pour ne pas affronter le Goliath de la vérité à mains nues.

Papa ne voulait pas d'enfant… et maman était une sangsue.

Laisse-moi te rassurer un instant en évoquant les choses sous un angle plus avantageux.

Tu n'étais peut-être pas complètement désiré, mais ta mère a connu une gloire précoce !

Tu ne vois pas le rapport ?

Moi non plus.

Pour te donner quelques explications sur mon activité socio-professionnelle, je pourrais la résumer en disant que je ne fais rien, avec personne. Autrement dit, j'écris des livres. À ce jour, j'ai deux romans à mon actif. Le premier ayant été vendu à 33 exemplaires, le deuxième à 66, si nous respectons la table des multiples de deux, à raison d'un livre tous les deux ans, il me faudrait trois cent trois ans pour arriver à 10 000 exemplaires. Je crois aux progrès de la science, je ne veux pas te traumatiser avec le sentiment de ma finitude, mais je crains d'être fauchée avant, quelque part entre 2 et 3 000 ex.

Voilà, mon amour, la légendaire femme de lettres que tu as pour mère.

Mais ça ne suffit pas à terrasser la fierté de mes parents qui voient dans ma présence à l'inauguration du Salon du livre de Paris une prémonition de mon discours de réception à l'académie Nobel.

La sortie de mes livres est un grand événement pour eux. Depuis Tahiti, ils se tiennent informés de ma gloire par Skype :

— Alors ? On t'a reconnue ?

— Comment ça ?

— Au Salon du livre ! On t'a reconnue ?

— Pourquoi veux-tu qu'on me reconnaisse ?

— Je ne sais pas, moi, s'emporte ton grand-père, t'es passée à la télé, c'est pas rien…

— Non, papa, non seulement on ne m'a pas reconnue, mais en plus, je n'ai pas signé un livre !

Coup de poignard dans le cœur de papa. Après l'échec cuisant de mon premier roman, il me voyait déjà en haut de l'affiche. Mais non, au lieu de ça, je le torture avec mes comptes-rendus sinistres…

Quand mon premier livre est sorti, j'ai eu, en tout et pour tout, un seul article. *Le Point* m'a gratifiée d'une chronique polie. Mon père était prêt à se la tatouer sur le torse. Mais comment impressionner la galerie quand on vit sur une île tropicale perdue au milieu du Pacifique Sud où la littérature semble à peu près aussi nécessaire qu'une doudoune Uniqlo double épaisseur ? Que fait-on de sa fierté quand il n'y a personne à impressionner ? Eh bien, mon père allait s'attabler dans un boui-boui local où se rencontrent le pharmacien du district, les profs, et les femmes qui sortent de la salle de sport pour manger un poisson cru. Et il attendait, avec son journal ouvert, de rencontrer une connaissance.

— Tiens, salut *taote*, tu déjeunes seul ?

— Oui… Je lis la presse que ma fille a eue pour son livre… Tiens, là, regarde ce bel article !

Le malheureux badaud, qui voulait simplement manger son carpaccio, incrédule, lui tape dans le dos :

— Félicitations ! Très belle photo !

Et mon père pouvait retourner travailler. Il avait fait mouche !

J'essayais de lui donner une idée réelle de ma notoriété. Elle était inexistante. Mais je me devais malgré tout de passer certains événements sous silence. Comment lui avouer, par exemple, que la dernière émission de télévision que j'avais faite, celle où il était si fier de m'avoir vue, on m'avait prise pour la coiffeuse de Leïla Slimani ? Ils enregistraient plusieurs émissions d'affilée et la lauréate du prix Goncourt passait juste avant moi. Ainsi, j'attendais mon tour pour être maquillée jusqu'à ce que la productrice de l'émission vienne saluer Leïla

Slimani, la remercier d'être là, lui dire à quel point ils étaient tous heureux de l'accueillir sur le plateau, puis se tourne vers moi, enfoncée dans un fauteuil à attendre qu'on me ravale la façade :

— Oh, merci, c'est si gentil d'avoir accompagné Mme Slimani, vous pourrez la coiffer juste après le maquillage.

Je la regarde, un peu étonnée, mais je n'ose pas lui dire que je ne suis pas la coiffeuse personnelle de Mme Slimani. Je bafouille :

— En fait, euh, non, je ne suis pas... Je... Euh, je passe après.

— Vous passez après ?

Dans ses yeux : Elle y va un peu fort, la coiffeuse, elle croit quand même pas qu'on va faire une émission spécial brushing cheveux nord-africains ?

— Euh... J'ai écrit... euh... un livre... Euh, je suis...

— Ah, pardon, dit-elle, désolée, bien sûr, vous êtes...

Mais je sens que dans ses yeux persiste le doute. Pour elle, je resterai à jamais la coiffeuse de Leïla Slimani.

Bon, tu t'imagines, mon amour, si j'avais raconté la scène à ton grand-père, trois siècles de colonisation et la Shoah seraient remontés d'un coup à la surface. L'humiliation aurait été trop grande. Et puis, mon père ne se laisse pas démonter aussi facilement :

— Oui, bon, il n'y avait pas grand monde cette année au Salon, il faisait trop beau ! Mais j'ai vu des images du stand Julliard. Ils ont mis ta photo au-dessus de celle de Françoise Sagan… Ça ne peut pas être anodin !

Péri, césa et autres abréviations thérapeutiques

\# La Cité de la peur
— *Vous voulez un whisky ?*
— *Juste un doigt.*
— *Vous voulez pas un whisky d'abord ?*

Une des conséquences de mon grand succès littéraire est la stabilité inébranlable de ma situation financière. Toujours à découvert. Et pourtant, je vais accoucher dans la clinique la plus chère de Paris. J'y ai découvert une chose importante. Les riches ne souffrent pas. En tout cas, on fait croire aux femmes enceintes riches qu'elles ne souffriront pas en accouchant. Et elles ne prononcent pas les mots en entier. On dit la péri ou la césa pour la péridurale ou la césarienne.

Elle est bien, cette clinique. Si tu as 4 000 euros à dépenser pour un accouchement, elle est parfaite. Pour une chambre – la plus petite –, compter 300 euros la nuit. On y reste quatre nuits, plutôt sept en cas de césa ou d'allaitement. Plus les dépassements d'honoraires de l'anesthésiste, ceux du médecin, du pédiatre, des analyses sanguines. C'est une clinique pour stars. Tu te demandes ce que je vais y faire ? Pourquoi ne vais-je pas plutôt mettre bas dans un hôpital public ? Parce que je devais suivre mon médecin, à cause du caractère « précieux » de ma grossesse.

— Alors, je vous le dis tout de suite, l'accouchement ça fait pas mal, les femmes qui arrivent en hurlant de douleur, avec le pied de l'enfant qui sort, c'est dans les films. Vous arrivez, on vous met la péri et tout va bien…

Moyennant quelques milliers d'euros, tu peux faire du plus beau jour de ta vie… le plus beau jour de ta vie.

La sage-femme nous a prévenues :

— Quand on vient d'accoucher on est sensible… on pleure même pour un rien. L'angoisse monte la nuit, OH, LA NUIT, vous êtes seule, dans le noir, l'angoisse est partout… Si ça va trop loin, avec votre accord bien sûr, on fait venir un psychologue.

Voilà comment on passe tranquillement de la maternité à l'hôpital psychiatrique. Sans crier gare, doucement, sous péri.

On nous apprend à faire attention. Tu sors avec l'impression que le monde est hostile. Tout est organisé pour assassiner ton bébé. S'il survit deux semaines dans ces conditions, il faut t'estimer heureuse. Les brûlures, les saignements de nez, d'oreille, les coins de table, les chutes, les étouffements, les prises électriques, l'enfant a très peu de chances de se sortir vivant de l'enfance.

Elle évoque le baromètre de la colère et le syndrome du bébé secoué.

— Ne secouez pas votre bébé. Si vous avez envie de le tuer – oui, ça vous arrivera –, sortez de la pièce !

Puis la sage-femme se met à compter :

— Un, deux...

Alors je lève la main :

— C'est-à-dire ? Un ou deux quoi ?

— Doigts.

Que dire d'un monde où l'unité de mesure est le doigt ?

— On vous met la péri à deux. Et vous accouchez à dix.

— Dix doigts ? C'est-à-dire ? Mis dans quel sens ? Enfoncés jusqu'à quelle phalange ?

La chose qui m'a étonnée, je dois dire, c'est la docilité avec laquelle j'ai perdu ces deux heures, attentive, posant des questions (et si notre médecin n'est pas là, qui nous accouche, la sage-femme ?). Et puis, les larmes qui me montaient aux yeux en voyant des photos de bébés dans les couloirs. Et pire, les larmes carrément quand, en visitant l'étage des chambres, j'ai entendu un nouveau-né brailler.

J'ai aussi entendu parler d'une pilule magique, distribuée sous le manteau, et qui empêche la montée de lait. Dans le public on encourage plutôt l'allaitement naturel, maternel, au sein. C'est mieux pour l'enfant. C'est mieux pour la mère. C'est mieux pour la planète.

Seulement voilà, je n'ai aucune envie de me transformer en tototte géante, ni que tu sois pendu à mon sein toute la journée. La mode de la mamelle, très peu pour moi. Les femmes les plus libertaires ouvrent de grands yeux.

— Ah bon ? Même pas les premiers mois ?

— Non, même pas les premières heures. J'ai envie de me remettre à boire dès qu'on aura coupé le cordon.

— Mais, quand même, c'est…

— Mieux, je sais, mais je n'en ai pas envie.

Il y a une chose que j'ignorais, la nature trouve toujours un moyen de mater les rebelles. La poussée de lait est extrêmement douloureuse pour celle qui n'utilise pas le fruit lacté de ses mamelons. Et là, il faut de l'ingéniosité, se bander les seins pour comprimer ses glandes mammaires, voire s'imposer d'autres méthodes barbares de répression des produits laitiers.

Mais je ne vais pas faire le compte-rendu des tracas qui m'attendent. Je t'ai promis de ne pas faire virer cette gentille confession au règlement de comptes.

La sage-femme fait un coloriage sur une grande feuille.

— Nous allons faire un graphique. Sur une échelle allant de 1 à 5, 1 étant le mieux, 5 le pire, à combien estimez-vous votre stress ? La situation de votre foyer ? L'implication de votre mari ?

— Nous ne sommes pas mariés.

— Vous avez subi des traumatismes ?

— Euh…

— De 1 à 5 ? Allez-y, on n'est pas là pour juger.

Des goûts simples

 # Woody Allen
L'argent est plus utile que la pauvreté, ne serait-ce que pour des raisons financières.

Mon amour, c'est ici que le paradoxe se poursuit. Ton père gagne un salaire très confortable. Quant à moi, je conserve un rapport à l'argent enfantin. Je ne sais pas ce que c'est qu'être riche. Quand on était petits, c'était le million qui était l'étalon. Les millionnaires… Ils habitent de grandes demeures, peuplées de domestiques et de jardiniers, ils possèdent des coffres remplis de lingots et de pierres précieuses. Les riches, ce sont ceux qui ont des châteaux, prennent des bains dans du champagne et cachettent leurs lettres avec de l'or liquide. La vérité, c'est que je n'ai aucune idée de ce qu'est l'argent, de la manière dont on en gagne et encore moins de la manière de le faire fructifier.

Disons que moi aussi, pour reprendre une réplique de Vivien Leigh dans *Un tramway nommé Désir*, j'ai toujours compté sur la bonté des inconnus. Des inconnus et des hommes qui m'ont aimée.

Je n'ai jamais eu d'appartement à mon nom. J'ai fait des études grâce à mon premier fiancé. J'ai écrit mon premier livre grâce au deuxième, et aujourd'hui, je vis tranquillement grâce à ton père. En remplissant ma feuille d'impôts, j'ai dû cocher une case concernant mon habitation. N'étant ni mariée, ni pacsée, ni rien de tout ça, mais pas non plus locataire, ne payant pas de loyer, mais étant néanmoins logée, la case correspondante à mon cas était : *Hébergée à titre gratuit.*

Est-il bien raisonnable de donner la vie quand on dépend à ce point de la philanthropie des autres ? Je sais que je peux compter sur la générosité de ton père, mais est-ce très responsable ? Qu'est-ce que cela fera de toi ? Enfant de femme hébergée à titre gratuit ?

Et puis, pourquoi je te parle de ça ?

L'argent, on y revient toujours et il est rapidement venu se loger dans notre quotidien.

De leur côté, ton frère et ta sœur ont des désirs que ne peut pas toujours assumer ton père, en dépit d'un certain niveau de vie qui semble ne pas me concerner alors même que j'en profite à chaque instant. Je suis le ver dans le fruit. Le parasite qui critique en se goinfrant. Je veux conserver mon intégrité tout en nageant dans le confort. Je me crispe dès que je suis témoin des aspirations de ton frère et de ta sœur. Du confort on saute dans le grand luxe sans transition.

— C'était la folie, Saint-Barth !

— On était sur un yacht, putain y avait du ca-viar de ma-lade.

— On a dû en manger 500 grammes chacun.

— Ouais, à la fin, on le raclait avec du pain.

Certains mots attirent peut-être ton attention : Saint-Barth – yacht – caviar. Dans n'importe quel ordre.

Ton frère et ta sœur partent souvent en vacances à Saint-Barth avec leur mère. Elle travaille dans l'immobilier et espère y trouver des clients. Tes frère et sœur en reviennent avec des strass plein la tête et le « dom pé » qui pétille encore dans leur gosier.

Ton père est inquiet.

— Dans quel état vont-ils encore revenir ?

Ils aiment le luxe. Est-ce mal ? Voilà une question qu'ils ont balayée d'un revers de main. Le bonheur ne se mesurerait-il donc qu'à la somme que l'on possède sur son compte en banque et au peu de temps qu'on a passé à le gagner ?

Pas pour ton père en tout cas. Monsieur frugal-loyal-monacal ne pouvait que s'étouffer en entendant ses enfants, la chair de sa chair, le sang de son sang, révéler leurs désirs insatiables de faste et de débauche.

Mais que faisaient-ils, si ce n'est profiter de ce qu'on leur offrait ? Ils trouvaient normal de jouir de la vie. D'avoir une femme de ménage à leur disposition. De partir en vacances dans des endroits somptueux. En somme, ils trouvaient normal d'être qui ils étaient. Et qui étais-je, moi, pour venir me mettre en travers d'eux-mêmes ? Le goût n'étant jamais que le dégoût du goût des autres, qui étais-je pour imposer mon échelle de valeurs ? Pour faire correspondre leur goût au mien ? Personne. Si ce n'est la femme qui s'apprêtait à devenir ta mère et à faire d'eux ton frère et ta sœur.

Une bonne éducation

 # Jean-Jacques Rousseau
L'exemple ! L'exemple ! Sans cela jamais on ne réussit à rien auprès des enfants.

Ainsi donc, amour de ma vie, je me débattais entre mon désir d'intégration et ma soif d'intégrité. J'étais devenue de la Soupline, j'assouplissais les rapports de ton père avec ses enfants, je favorisais le dialogue, je me faisais le héraut de la réconciliation. En mode *Amor fati*, tout ce qui ne nous tue pas nous rend plus fort, accepte ton destin !

Mais chacun reprend son pli, moi la première… Le lin reste du lin et se froisse au lavage, la soie reste de la soie et toute la Soupline du monde n'y fera rien. Car ce qui avait commencé comme un exercice – comprendre ton frère et ta sœur et les rabibocher avec ton père – s'était transformé en une pirouette beaucoup plus acrobatique. Concilier l'éducation qu'ils avaient reçue avec celle que je souhaitais te donner.

Quand bien même j'aimais ton frère et ta sœur, je me transformai petit à petit en être mesquin et accusateur, professant que je ne reproduirais pas les mêmes erreurs, que je ferais un enfant propre et poli. Je me sentais devenir un être de la pire espèce, sûr de son bon droit, renonçant à la générosité et sombrant dans le dénigrement et la lutte des classes. Bien évidemment, sur le papier, on ne désire jamais devenir haineux. On sait que ça éclabousse, que ça noircit, que ça avilit toutes les personnes concernées. On voudrait se défaire des passions tristes. Ne pas ressentir de rage. Mais on n'y peut rien. On commence en voulant comprendre l'ennemi social et l'apprivoiser, lui appartenir, le dépasser, et puis… se venger.

Et voilà bien le drame autour duquel allait se nouer notre vie à présent : ton éducation.

Au cours d'un dîner de famille, la tante de ton père a dit une chose qui m'a marquée :

— Aujourd'hui, on ne livre plus les femmes avec une dot, mais avec une éducation.

En gros, et si j'ai bien compris, dans un monde désargenté, désenchanté, la plus-value d'une femme, c'est son bagage intellectuel. Les livres qu'elle a lus. Les pays qu'elle a visités. Les études qu'elle a faites.

Finalement, ton père n'est rien d'autre qu'un chasseur de dot. À cette différence près que la mienne ne s'exprime pas en biens immobiliers et en bijoux de famille. Il me dit souvent :

— J'aime que tu sois bien élevée. Je serai éternellement reconnaissant à tes parents de t'avoir si bien élevée. Tes sœurs et toi êtes des exemples de bonne éducation. Quelle chance !

Mes parents, conscients ou non de cet avantage, ont fait en sorte que mon éducation soit complète. En mode Renaissance. Arts, sports, sciences. J'ai même fait du tennis ! Prête à faire mes premiers pas dans le monde. À occuper une place privilégiée dans l'existence. À remplir une fonction. À enrichir la vie de la cité. À être en mesure de prétendre au mieux. C'est exactement ça… *prétendre* !

Mais l'éducation est devenue l'apanage des pauvres, la bonne éducation est la carotte qu'on secoue sous le nez des ploucs afin qu'ils s'illusionnent sur leur capacité à s'élever dans l'échelle sociale, et s'illusionnant, ils peuvent alors se sentir pleins de gratitude pour ces élites qui gardent leur porte grande ouverte mais ne se donnent plus la peine de transmettre les règles élémentaires de la bienséance. Merci, bonjour, pardon. Les pauvres rampent en excuses incessantes quand, face à eux, plus personne n'est en mesure d'apprécier leurs efforts.

Qu'apprend-on ? Que transmet-on ? Comment s'y prend-on ? Pourquoi ça marche ? Pourquoi ça ne marche pas ? À quoi évalue-t-on le succès d'une éducation ?

Je n'ai pas les réponses à ces questions, et je vais sans doute y aller « au talent », en croisant les doigts pour que ça passe.

Tout ce que je sais c'est qu'il y a les gens bien élevés et les gens mal élevés. Il y a les enfants gâtés et les autres. Il y a les enfants rois. Il y a des exemples précoces de corruption du cœur. Le gaspillage fait hurler la petite fille en moi. Celle à laquelle on a dit : il ne faut pas se faire remarquer, il faut être discret, il faut bien travailler à l'école, il faut aider les aveugles à traverser au feu rouge, il faut finir son assiette, et autres préceptes d'une bonne éducation païenne. Alors quand ton frère et ta sœur commandent des montagnes de sushis au restaurant, que c'est trop bien sûr et que ça part à la poubelle, je craque et balance à ton père :

— Tu aurais pu leur dire quelque chose…

— Quoi ?

— Je sais pas, moi, que ça ne se fait pas de commander autant…

— Je voulais pas les humilier, les pauvres…

Aux pauvres, on apprend la honte. Aux riches, la fierté.

Des cours de honte, voilà ce qu'il faudrait donner aux enfants. Leur transmettre le sens de la honte. Et par là même de l'honneur et de la dignité. Ne pas oublier que la haine sociale est tapie dans l'ombre, que c'est une bête dans la jungle, prête à surgir et à tout dévorer sur son passage.

Contrairement à ce que pensent mes sœurs…

 # Anna Karénine
Toutes les familles heureuses se ressemblent, les familles malheureuses le sont chacune à leur façon.

Tu auras donc un frère et une sœur aussi différents entre eux qu'ils le seront de toi et vous formerez une fratrie disparate. Ce pléonasme pourrait être illustré par ton père, son frère et ses trois sœurs – quand ton père parle d'elles, ça commence généralement par « Contrairement à ce que pensent mes sœurs, je ne suis pas un salaud ! » –, ou par moi et mes deux singulières sœurs. Grâce à Dieu, la différence n'entrave ni l'amour ni l'intimité.

La bizarrerie se loge n'importe où dans les familles. Dans n'importe quel froissement. Comment des enfants qui reçoivent la même éducation, ont les mêmes parents, fréquentent les mêmes lieux, les mêmes personnes, sont soumis à la même vision du monde, peuvent-ils devenir à ce point différents ?

Prends mes sœurs.

L'aînée était très portée sur le champignon hallucinogène dans sa jeunesse. Elle s'est autoproclamée a posteriori enfant surdouée.

— Tu crois vraiment que ça s'autodiagnostique ?

— Oui, je présente tous les symptômes.

Elle est fascinée par les coups que tu donnes dans mon ventre. Elle pose sa main et tu te calmes. Elle veut déménager à Paris pour se rapprocher de toi.

Je suis celle du milieu.

La benjamine vit à Bora Bora. C'est une héroïne de roman picaresque. Elle a vécu à Paris, Washington, Erbil, Bora Bora, et s'apprête à partir pour l'Australie. Elle a exercé de nombreux métiers, était au service de la famille du président au Kurdistan irakien, a créé le premier mouvement lesbien de Polynésie, photographie des femmes nues et des couples en lune de miel dans le plus bel endroit du monde.

L'aînée prétend avoir un QI de 162. Personne n'en a jamais eu la preuve. Une fois, j'ai fait le test, aidée d'une calculette, j'ai obtenu un score de 86. Pas folichon, à ce que j'ai compris.

Pourtant l'aînée a des idées bizarres. Quand la petite sœur n'allait pas bien, elle a proposé :

— On embauche un mec pour lui péter la gueule.

— Comment ça ?

— Ouais, un mec dans la rue, *bam*, il la tabasse !

— Pourquoi tu veux faire une chose pareille ?

— Électrochoc, ça va la réveiller.

— Ou l'assommer. T'es dingue !

— Pas du tout, c'est une idée de génie.

— Heureusement que t'as fait des études de psycho, toi.

— Pendant huit ans !

En ce moment, elle se trouve dans un temple en Corée pour perfectionner son taekwondo. Elle est troisième dan. Elle se prosterne cent quarante-huit fois par jour, médite en dormant et en marchant. Elle est considérée comme une arme blanche. Je lui dis :

— La chance, un mec t'emmerde dans la rue, tu peux le tuer.

— Je n'ai pas le droit, répond-elle avec le plus grand sérieux.

Elle n'a pas d'enfant.

La petite non plus. Mais elle a des chats. Elle leur donne à manger du brocoli avant d'aller travailler dans les hôtels de luxe de Bora Bora. Nous passons une heure par jour au téléphone. Douze heures de décalage horaire. 8 heures du matin pour moi, 20 heures pour elle. Nous trinquons, café pour moi, vin rouge pour elle. Chaque détail infime de nos vies se transforme en grand récit façon *Épopée de Gilgamesh*. Elle me raconte en prenant l'accent tahitien et en faisant rouler les *r* de ses personnages :

— Tu ne peux pas savoir ce qui m'est arrivé aujourd'hui ! J'allais prendre un couple en photo au *Four Seasons* quand je croise un gars à vélo qui porte un poulpe. Là, je freine sec et je lui dis : « Hey, tu vends ton poulpe ? — Oui, c'est 1 000 francs.

— OK attends. » Et là je fouille dans mon sac et je n'ai que 500 francs. L'angoisse.

— Quoi ? Tu as laissé passer le poulpe ?

— Attends ! Je lui dis : « Dommage, je n'ai que 500, c'est pas grave, une autre fois. » Et là, il me répond : « Sinon, je peux aussi te faire gratuit… »

— De 1 000 à gratuit en si peu de temps. Le malheureux, j'espère que tu as refusé.

— Non, je lui ai donné les 500 et quand je le recroiserai, je lui donnerai 2 000.

— Il va faire l'affaire de sa vie avec ce poulpe.

Et puis j'appelle ma grande sœur :

— Tu as entendu parler de l'aventure du poulpe ?

Et le soir, c'est au tour de mes parents de me demander si je sais comment le poulpe a été cuisiné…

L'affection, l'amour, la tendresse circulent via la fibre optique, les réseaux Skype et se nichent dans le rien, le plaisir de se parler, de savoir que l'autre existe, qu'il y a dans ce monde des êtres qui sauront toujours t'écouter comme si tu étais Homère.

J'espère que ton frère et ta sœur seront pour toi ce que mes sœurs sont pour moi, et que, moyennant une bonne connexion Internet, vous pourrez vous aimer de cet amour lucide et inconditionnel qui fait les fratries les plus gaies.

On n'est pas la famille Martin !

 # John Rockefeller
On ne peut pas tout avoir. Et d'abord, où le mettrait-on ?

Même si mes sœurs et moi sommes différentes, nous avons eu la même mère.

Et quand on s'apprête à devenir mère soi-même, se pose inexorablement la question de savoir quelle mère on a eue. L'esprit de logique voudrait qu'on puisse déduire la personne qu'on sera de la personne qui nous a fait. L'hérédité n'est certainement pas aussi rectiligne, mais enfin. La question mérite d'être posée.

Si je cherche un adjectif pour décrire ma mère, je dirais *infaillible*. Ma mère n'a jamais renoncé, failli, manqué. Elle est intrépide, vaillante, inébranlable. Les pieds enfoncés dans le sol et une grande dextérité au volant.

Un père insatiable et une mère infaillible.

Je pense à elle en préparant ta valise de naissance.

Je fais mes courses sur le boulevard de Clichy, avec des habits tombés du camion à très bas prix. Un body croisé doit bien en valoir un autre. Quand tu as l'amour de la ristourne chevillé au corps…

De ma mère, je tiens cette capacité à arpenter la ville avec un Caddie à la recherche du plus petit prix et à en retirer une joie et une fierté ineffables.

— Regarde ce que j'ai trouvé pour notre fils, une gigoteuse à 6 euros.

Et j'attends que ton père me fasse une caresse sur la tête. Mais il ne comprend pas. Il ne comprendra jamais. Si je pouvais, je laisserais le prix de mes habits en évidence afin que tout le monde voie à quel point ils m'ont coûté peu cher.

Enfants, ma mère nous envoyait voler le crottin des poneys au jardin pour fabriquer elle-même son engrais. Adolescentes, à Tahiti, on passait notre temps d'une grande surface à une autre à comparer le prix des lessives. On allait au Carrefour de la presqu'île si ses indics lui avaient parlé d'un kilo de navets bon marché, on changeait de fournisseur pour trouver le kilo de thon rouge le moins cher et nous sautions dans la voiture si d'aventure on apprenait qu'un pêcheur vendait pour une bouchée de pain une tête de poisson au bord de la route.

Ajoute à cela une affection sans limites, une générosité sans entraves, une gaieté sans contreparties, un accent tahitien qui chante et roule les *r*, et tu obtiens la mère que j'ai eu la chance d'avoir.

Une mère qui n'était pas allée à l'école, mais savait tout.

Enfant, la phrase que j'ai le plus entendue venant d'elle était :

— On n'est pas la famille Martin ! Éteignez les lumières !

Cette hantise du gaspillage !

La famille Martin était une famille riche de Tahiti, ceux qui possédaient l'électricité sur l'île. Ma mère nous répétait sans cesse que nous n'étions pas les Martin, sorte de Rockefeller ou de Rothschild à la sauce tropicale, pour nous faire entrer dans le crâne une bonne fois pour toutes notre condition : on n'est pas les rois du monde, on ne gaspille pas, on éteint les lumières, et s'il y a une coupure d'électricité, mieux vaut savoir frotter deux silex pour faire du feu. On se débrouille, on fait avec le moins possible, et surtout, surtout, on éteint les lumières.

Comme le dit Martina, ma meilleure amie italienne :

— J'ai réfléchi… Qu'est-ce qui nous sépare des autres… je veux dire des bobos lambda ? Ceux qui boivent des *latte* en terrasse, mettent du lait de soja dans leurs smoothies et font des études de graphisme ? Le bled. L'appel du bled. Rien d'autre.

Qu'est-ce qu'un blédard ? Quelqu'un qui vient d'ailleurs. D'un autre pays, plus ou moins au sud. Qui a d'autres codes. Qui n'est pas tout à fait à sa place à Paris. Qui prend les choses un peu différemment. Qui trouve des solutions incongrues mais efficaces aux problèmes. Blédard, c'est un état d'esprit. La plupart de mes amis sont des blédards.

Des bobos-blédards ou des blédo-bobos. Comme tu préfères.

On peut traire une chèvre, râper du coco, tout en faisant la queue pour un spectacle à la Maison de la poésie.

Être un blédard, c'est la belle vie. C'est savoir profiter des avantages qu'un lieu peut offrir. Même une ville. C'est traîner, contempler, savoir s'ennuyer. Comme tu le vois, nous n'avons pas prévu de mourir de nos paradoxes.

Donc ma mère, la blédarde en chef, avait fait sa psychanalyse du feu à elle. À défaut de réseaux humains, mieux vaut posséder les courants électriques, les courants marins, tous les fluides qu'on peut dompter pour maîtriser le monde qui nous entoure.

Quant à mon père, sa réplique favorite était :

— Descends de ton piédestal !

Quand je lui demandais si je pouvais prendre des cours de danse, il me répondait en plissant les yeux :

— Et puis quoi encore ? Descends de ton piédestal !

Cette phrase était héritée de son père. En 1950, il avait reçu une prime de 3 millions d'anciens francs, ma grand-mère a aussitôt proposé :

— On achète un appartement à Paris !

Et mon grand-père de rétorquer :

— Descends de ton piédestal.

Au lieu de ça il a acheté des actions, il a tout perdu. Mais la morale de l'histoire n'a pas changé pour autant.

Voilà l'éducation que j'ai reçue, résumée en deux phrases : Nous n'étions pas la famille Martin. Nous devions descendre de notre piédestal.

Toi, mon chéri, tu devras aussi garder ces maximes à l'esprit. Et moi, me souvenir de ma mère. Moi, vacillante des pieds à la tête, m'enraciner suffisamment pour que tu aies l'illusion de ma force, qui ne sera rien d'autre qu'un fantôme de celle de ma mère.

Le condiment de la discorde

 # Le Festin de Babette
— Soupe de tortue géante
— Blinis Demidoff
— Cailles en sarcophage au foie gras et sauce aux truffes
— Salade d'endives aux noix
— Fromages
— Savarin et salade de fruits glacés
— Fruits frais
Accompagnés de :
— Xérès amontillado
— Champagne veuve Clicquot 1860
— Clos-de-vougeot 1843
— Fine champagne

Quoi qu'il arrive et quel que soit le prétexte, à une certaine profondeur dans l'océan conjugal, il est possible qu'intervienne un mal chronique, intermittent, assez semblable à une douleur dans la gencive. Ou à une douleur lancinante au coccyx, selon sa sensibilité.

Quoi qu'on en dise, mon chéri, l'amour qu'on éprouve pour un être se transforme plus ou moins rapidement en rage de dents. Les idiosyncrasies se changent en autant d'affronts personnels, et la tentation du duel n'est jamais loin. La dispute, érigée en sport de combat, devient donc le lot de tous les couples.

Exemples :

Ton amour, ton lion, ton tendre et cher pour attraper son repas se met à tirer la langue, comme un iguane, pour ne pas faire tomber une goutte de soupe. La langue, anciennement objet de désir, devient symbole de répulsion qu'on a à cœur de voir retrouver son habitacle, et fissa.

Ou feu ton chevalier qui t'emmenait autrefois dîner dans de bons restaurants t'informe que ce soir, il préférerait manger une barquette de carottes râpées.

Mais je m'en tiendrai là, mon amour, je ne voudrais pas te faire perdre tes dernières illusions.

Seulement ton père déteste se quereller. Ça l'humilie, dit-il. Impossible de lui faire perdre patience. De surcroît, il n'est pas susceptible. Je peux me lancer sur tous les sujets glissants, ton père continuera son chemin sans perdre l'équilibre.

Si je dis, en sortant de l'échographie et en voyant le profil que tu as, identique à ton père :

— À quoi bon condescendre à mêler aux tiens mes gènes de huitième merveille du monde si c'est pour que le moins beau gagne la bataille ? Même nez, même bouche, même menton… Et moi, dans tout ça ? Au-delà d'un narcissisme primaire, il aurait mieux valu qu'il me ressemble, non ?

— Oui, je te comprends... C'est un sale coup du destin...

Si je le lance sur un sujet scabreux à l'orée d'un week-end, sous un soleil de plomb, que je lui reproche de ne pas avoir acheté les bonnes tomates, il prend son air de clown triste :

— Pourquoi tu fais ça, maintenant ? Il fait beau...

Ton père ne supporte pas qu'on se dispute par beau temps. Passe encore pendant un orage, mais s'injurier pendant un rayon de soleil, ça le dépasse.

Si je me plains de ma grossesse, pas de toi directement, non, mais des problèmes que ça soulève, il prend sa respiration pour dire :

— Je t'avais pourtant prévenue du caractère disruptif de la chose.

Du caractère quoi ?

Quand les intellos se chamaillent, tu as l'impression d'assister à un cours de sémiologie à l'EHESS. Chez moi, on crie, on injurie, on pleure, on maudit et surtout, surtout, on évite de parler du caractère disruptif de la chose. Il n'y a rien de mieux qu'un bon « Va te faire enculer » pour se sentir plus léger. Là, autant te dire que dans ma tête je ne trouve rien que « Gros bâtard de ta race », les insultes restant les meilleures armes des esprits simples. Alors je réponds :

— Je vais t'aider à achever ton cycle terrestre, alors parle-moi sur un autre ton.

Mais nos différends étaient essentiellement d'ordre culinaire. J'avais de plus en plus de mal à laisser les papilles de ton père en paix. Que dire d'une personne qui emploie le subjonctif imparfait à bon escient, mais s'extasie devant une ragougnasse orangée essayant de se faire passer pour un tajine ?

Mes parents, sans grands moyens, nous ont élevées comme si nous devions passer notre vie dans des palaces et des restaurants trois étoiles. Nous étions peut-être des blédards, mais nous avions des idées très arrêtées sur ce qui se faisait et ce qui ne se faisait pas. Et ces lubies familiales pouvaient mener à des disputes.

En rencontrant ton père, j'ai réalisé avec horreur que les riches ne sont pas forcément des gourmets. Ils n'emploient pas tout leur argent à se nourrir divinement. Ils ne savent pas tenir leurs couverts. Ne connaissent ni le vin ni la viande. Ils mangent la bouche ouverte. Ils coupent le nez du fromage sans sourciller. Si mes pauvres parents savaient que toute cette éducation avait été donnée en pure perte et que je pourrais manger avec mes pieds sans que quiconque s'en rende compte, le monde se disloquerait.

Ma grande supériorité, je la tire de mes connaissances en matière de gastronomie, à vingt mille lieues sous le niveau de la mer en ce qui concerne ton père. Pour lui, un aliment est une chose qu'on trouve emmaillotée dans une barquette en plastique ou à laquelle on n'accède qu'avec un ouvre-boîtes. Je ne sais pas si ton père sait que les légumes poussent dans la terre, que les poissons se pêchent dans la mer ou les rivières, ou que les fruits secs ne l'étaient pas avant de l'être. Un repas se prend debout. Une soupe provient d'une brique. Le parmesan « sent le vomi ». Vois-tu, je pourrais pardonner de telles aberrations, mais je me dis que venant de son milieu, ayant reçu son éducation, on ne peut pas être à ce point ignorant des choses de la bouche.

Le fenouil est un bon indicateur. Ton père :

— Hum c'est bon, c'est de l'anis ?

— Non…

— Attends, laisse-moi deviner… je sais ! Du céleri ! Non, non… Du brocoli ! Alors du navet ?

— On t'a brûlé les papilles à la naissance ?

J'ai déjà fait trois AVC d'indignation.

— À ton âge, dans ta position, comment peux-tu ne pas savoir que c'est du fenouil ? Je n'ai pas traversé deux océans, quitté les surfeurs de Tahiti pour me retrouver avec un ignare qui dit *beurk* dès qu'il voit un pigeon rôti parce qu'il croit que ça vient des quais de Seine.

— Qu'est-ce qu'on mange après ?

— Un risotto.

— Miam, dit-il en se dirigeant vers le réfrigérateur et en préparant trois cornichons dans son assiette pour la suite des festivités.

Réussite ou pas, je retiens de mon éducation une chose inébranlable : on ne mange pas de cornichons avec le risotto.

Je sais qu'un jour, il y aura le cornichon de trop, et nous devrons nous séparer. Un condiment viendra se placer entre nous de manière irréversible. Il faudra que tu sois fort, ce jour-là, mon amour. Différends gastronomiques irréconciliables. Papa et maman ne s'adressent plus la parole. Ça tient à rien, l'amour.

L'affaire Milan Kundera

 # Portnoy
Oh, bon Dieu n'est-elle pas assez pour moi ? Ne suffit-elle pas vraiment à mes besoins ? Combien de bites ai-je donc ?

Au rayon discorde, je demande la jalousie…

Parmi les passages obligés de la vie amoureuse, deux aspects à ne pas négliger : la jalousie plus ou moins légitime, la tromperie plus ou moins fantasmée.

Amour de ma vie, un bon cliché n'ayant jamais fait de mal à qui que ce soit, laisse-moi te dire que l'amour et le mensonge vont de pair. Seule la vérité est fatale. Dès lors, il faut parvenir à survivre entre la jalousie des autres et celle que tu éprouveras. Et il faudra ruser, cacher et mentir à ceux que tu aimes. En espérant qu'on ne te mente pas trop, qu'on ne te cache rien, qu'on ne te trompe pas. C'est un jeu de cache-cache épuisant. La fidélité est le casse-tête le plus prenant du siècle à côté duquel un Rubik's Cube troisième génération passe pour un simple coloriage.

Ne pas laisser de traces. Cacher les lettres. Effacer les messages.

Pourquoi ?

Pourquoi brider les désirs naturels des hommes et des femmes ?

Je n'accorde pas une grande importance à cette qualité rare, la fidélité, mais de là à vivre avec un compagnon infidèle…

Ce qu'on dit et ce qu'on fait : deux choses qui n'ont absolument rien à voir.

Je suis pour la liberté des corps.

On n'appartient à personne.

Voilà pour la partie officielle.

Une fois la porte de la maison fermée, voilà ce que j'en pense :

Si tu me trompes, je t'arrache tous les poils un à un, je t'enfonce un tournevis dans la gencive, je te crucifie.

Regarde une autre femme et je te châtrerai dans ton sommeil.

Devant les autres, je te dirai : « Tu ne dois jamais fouiller dans les affaires d'autrui, c'est indigne ! »

Une fois énoncé ce principe, je dois t'avouer que je ne me l'applique en rien. Je fouille, tout, les téléphones, les carnets, les agendas, je fais les poches de ton père dès que j'en ai l'occasion. Je remonte le fil de ses messages, je veille.

Alors quand on cherche, on trouve ! Il y aura toujours de quoi alimenter ta peine, surtout depuis les émoticônes. Un petit cœur mal placé et c'est trois nuits d'insomnie. Pourquoi a-t-il envoyé le bonhomme qui rougit à une pétasse ? Et celui qui fait le baiser en cœur ? Et le cœur tout court ? Le cœur jaune ça veut dire quoi ? Un cœur cocu ? Et le double cœur rose ?

Le téléphone portable devient le lieu où se cristallise toute la jalousie moderne. Dans cette petite créature est contenue ta perte ou ton bonheur et le champ des possibles s'ouvre à l'infini. L'avantage avec un homme de l'âge de ton père, c'est que les médiums demeurent limités. Je n'ai pas à vérifier Facebook, Instagram, Viber et Messenger. Il a installé WhatsApp et ça me donne déjà suffisamment de fil à retordre. Et d'ailleurs, pas besoin d'être un homme nouvelle génération pour être duplice. Les types comme ton père savent très bien s'y prendre aussi. À l'ancienne. Avec des petits moyens technologiques et une grande fourberie, on peut faire des miracles. Comme je m'en vais te l'expliquer.

Je rentrais d'un voyage avec mes sœurs et je sentais que ton père avait fauté. Il avait l'air encore plus louche que d'habitude. C'est dire. Et j'ai profité de ce qu'il allait se doucher pour faire ma petite vérification habituelle. Je tape le nom de sa vieille maîtresse dans ses messages, et rien. Rien étant bien plus inquiétant que quelque chose. Alors là, frénétiquement, le cœur qui bat, je tape certains mots susceptibles d'apparaître dans leurs échanges et je tombe sur une conversation avec Milan Kundera. Le dernier message est signé « Je t'embrasse tendrement », plus émoticône petit cœur rouge. Je ne suis pas ce qu'on appelle un fin limier, mais ça me semble quand même bizarre. Non pas qu'on ne puisse pas éprouver de tendresse pour Milan Kundera, moi-même j'aimerais l'embrasser tendrement, mais le cœur rouge ? Alors je remonte la conversation et je découvre que :

1) Il lui a envoyé ma dernière échographie (Milan Kundera t'aurait vu dans les premiers instants de ta vie biologique…).

2) Il l'a invité à dîner à la maison pendant mon absence.

3) Il l'appelle « ma douce ».

Ha, ha ! Milan Kundera… Il a bon dos, l'écrivain tchèque ! Insoutenable lourdeur de la jalousie.

Là tout se bouscule dans ma tête pendant que ton père doit être en train de se sécher les cheveux. Mensonge, dissimulation, trahison !

Dans ces moments-là, tu sombres. Tu sautes à cloche-pied dans la jalousie. L'image de l'autre, l'image même du mensonge t'obsède. Imaginer devient une occupation à part entière. Ton cœur tremble, il danse, mais pas de joie. Tu te dis : Il faut que je fasse mes valises. Que je disparaisse. Mais grandit-on sans père à cause d'une émoticône mal placée ? Prend-on cette décision à cause d'un maudit bonhomme un peu trop chaleureux ? Qu'en penserait Milan Kundera ?

Il faudrait que je t'épargne la suite, mais c'est très instructif. Un cas d'école.

— Chien galeux, rat d'égout, tu es un beau spécimen de ton espèce… Comment as-tu osé ?

— Je ne sais pas de quoi tu parles.

— Avoue ! Comment tu as pu lui envoyer mon échographie ? « Salut, je te présente l'utérus de ma nouvelle femme » ? Tu es un psychopathe. Et maintenant, il y a une chance sur deux que mon fils le soit aussi. C'est répugnant, une photo de mon intérieur, tu trouves pas ça intime, t'as qu'à la poster sur Facebook, espèce de trou du cul !

— Tu as encore fouillé ?

— C'est tout ce que tu trouves à dire ! Pas d'excuses, rien ?

— Tu as fouillé ?

— Non ! J'ai peut-être un peu farfouillé…

— Si tu n'avais pas fouillé, tu n'aurais pas su, donc le fondement de ta découverte étant illicite, je ne vois pas en quoi j'aurais quelque chose à me reprocher. Devant un tribunal, ta requête serait renvoyée pour vice de forme.

— Tu es un gros bâtard.

— Si tu fouilles encore une fois dans mon téléphone, je te quitte.

— Si je fouille et que je trouve encore une saloperie, c'est moi qui pars.

— Le passé, c'est le passé.

— Exactement, ça n'a rien à faire dans le présent.

— Écoute, elle était là avant toi.

— Tu te crois dans la queue au McDo ?

— Je n'arrive pas à croire que tu aies encore fouillé. Tu es folle.

Folle, oui, peut-être, quand on entre dans ce cycle-là…

— Milan Kundera, je n'en reviens pas. Pourquoi ? Mais pourquoi ?

Là c'est Sarah Bernhardt, Ingmar Bergman, Douglas Sirk, Pedro Almodóvar. Cris et hurlements. La vérité sur l'amour. La porte de l'enfer.

Le sens du drame nécessite l'anesthésie momentanée du sens du ridicule et du sens de l'humour. Il faut se lobotomiser pour laisser sa jalousie s'exprimer pleinement.

Ce que je fis.

— Tu m'as trompée ! Pourquoi, pourquoi ? Ah…. Trahie !

— Je n'ai rien fait de tout ça.

— Menteur ! Abominable menteur ! Tu me dégoûtes !

— Si tu penses que j'ai quelque chose à me reprocher, pars sur-le-champ !

— Et maintenant tu me chasses ! Ha, ha ! Milan Kundera ! Pourquoi ?

— Parce que tu es folle, c'est toi qui me pousses à mentir.

— Mais pourquoi Kundera ?

— À cause de *Risibles amours*… je trouvais ça amusant.

— Tu as de la suite dans les mensonges !

Comme tu le vois, ton père prit l'affaire avec son flegme habituel et laissa passer la tempête, ne pouvant néanmoins se retenir de me dire qu'il aurait préféré subir cette crise un jour de mauvais temps.

— Vraiment, ça me déprime, tu as vu comme il fait beau dehors ?

Le lièvre voyeur

 # Woody Allen
Se masturber, c'est comme faire l'amour avec une personne qu'on aime vraiment.

Un lièvre a fait irruption dans nos vies.

Quel lien entre Milan Kundera et un petit mammifère sauvage herbivore ? Le lièvre cristallise un problème que nous devons continuer à explorer. Le sexe, sous toutes ses formes, allant du ravissement à l'effroi. De la jalousie à l'abstinence.

Le lièvre ne fait pas des trucs de lièvre. Non, ce lièvre vient se poster devant la baie vitrée à la campagne et m'observe, nue.

Ton père, qui, au début, s'amusait de cette présence, ne cache plus sa jalousie. Il choisit toujours son moment et sa victime. Quitte à être jaloux, autant l'être d'un lapin.

— Il ne te voit pas, il te regarde.

— Tu divagues, il est trop loin.

— Comment expliques-tu qu'on ne le voie à aucun autre moment de la journée ?

— Pure coïncidence animalière.

— Tu es vraiment naïve !

Mais je dois bien avouer que le voyeur se rapproche. Cette bête qui, d'ordinaire, se carapate au moindre bruit, vient de plus en plus près, choisit son axe, se plante devant la baie vitrée et me scrute. Mon corps nu en voie de déformation. Que faire ? Aller voir la police, dire avec le plus grand sérieux : « Monsieur l'agent, il y a un lièvre, dans la haute vallée de Chevreuse, marron-gris, de grandes oreilles, une quinzaine de kilos, qui me harcèle » ?

Mais le regard du lièvre cache un problème plus profond. Depuis que tu es dans mon ventre, ton père et moi n'arrivons plus à faire l'amour sans avoir l'impression que quelqu'un nous observe. Il paraît que tu as déjà des yeux. Je t'ai surnommé « l'œil de Moscou ». Je suis tout simplement gênée par ta présence. Physiquement – tu as élu domicile dans mon ventre et tu prends de plus en plus tes aises – et moralement – je suis pudique.

Pour me réconforter, ton père tente de se remémorer nos ébats passés.

— Tu es la cochonne en chef.

— Tu dis ça pour me faire plaisir.

— Non, parole d'honneur, tu es la plus grosse salope que j'aie jamais rencontrée.

— Jure.

— Je jure.

— Non, tu mens.

— Promis, des cochonnes comme toi, on n'en fait pas dix par génération.

— C'est adorable, merci !

Mais tout ça sent le réchauffé. Le lièvre a pris sa place et ton père ne s'en remet pas. Les loups sont entrés dans la ville et le lapin s'est immiscé dans la chambre.

Que te dire sur ce pan de l'existence, bien plus grand que le petit pan de mur jaune de Vermeer, plutôt une toile monumentale à la Pollock barbouillée de sécrétions précoces et de fantasmes contrariés.

Il y a quelque chose d'indicible dans ce qui se passe entre deux êtres nus et donc de foncièrement raté dans le récit du sexe. Pourtant on m'a prêté un certain goût pour la chose. Mon premier roman avait même été taxé de pornographique par certains.

— Oh là là, elle s'est lâchée, là…

— C'est super cul, son truc…

— Pour écrire des trucs pareils, elle a dû s'enfiler des bottes de bites.

Pour le deuxième, pareil, on m'a reproché ma vulgarité, tantôt quelque chose de trop relâché dans le ton, tantôt quelque chose de trop sophistiqué.

— Tu vois Despentes, ça va, elle parle de cul, mais elle appelle son livre *Baise-moi*, c'est raccord. Toi, tu parles de choses et d'autres et puis *paf* au milieu, tu fais référence à ta chatte, mettre pêle-mêle Saul Bellow et l'origine du monde, ça va pas… pas du tout.

Tout ça pour trois ou quatre misérables phrases sur la misère sexuelle et me voilà taxée d'auteur libertine. Va leur expliquer que les mecs qui se fendent de livres de six cents pages pour aboutir à une stricte radiographie de leur bite ne choquent personne, mais qu'une femme évoque ses organes génitaux hors ambition reproductrice, ça non, *beurk*, n'en jetez plus, c'est Sainte-Anne en ambulance.

Grâce à ta présence dans mon utérus, je peux aborder la question sexuelle sans être soupçonnée de pornographie.

Depuis la première fois où ton père et moi avons été mis en présence nus, sont venus l'amour, et le désir, et toi, et la suspension provisoire du désir, et le lièvre.

Nous sommes dans une période blanche.

Heureusement qu'il y a ce lièvre contre lequel ton père peut laisser sa frustration sexuelle se déchaîner :

— S'il revient, j'en fais un civet, on verra s'il rit toujours autant.

— Laisse ce lièvre tranquille, je me suis attachée à lui.

— Forcément ! Il te narcissise.

— S'il arrive quoi que ce soit à mon lièvre, c'est fini entre nous !

C’est indispensable !

 # Nécrologie du Times
En 1904, Albert Einstein passait ses après-midi à promener une poussette. On pouvait le voir avec une poussette dans les rues de Berne, s’arrêtant çà et là, indifférent à la foule qui l’entourait, griffonnant quelques symboles mathématiques dans un carnet qui partageait le landau de son fils, également prénommé Albert.

Ne perdons pas le fil de notre histoire, mon amour, à présent tu ne devrais plus tarder et il faut se préparer à t’accueillir, faire ta chambre et acheter le matériel nécessaire. Nos risibles amours nous conduisirent directement dans un magasin de puériculture.

J’ai érigé le *benchmarking* en promesse infaillible de réussite.

J’ai *benchmarké* le meilleur homme, le meilleur porte-bébé, le meilleur lange, la meilleure poussette et ainsi de suite, dans tous les compartiments de mon existence.

Mais là, je dois dire que je me retrouve face à un problème abyssal. Un vrai racket !

Comment les gens faisaient-ils avant ? Sans tout le matériel de puériculture qu'on tente de te refourguer au moment d'une naissance. Triple poussette, matelas à langer, baby phone, fauteuil bébé.

J'essaie d'avoir l'avis de ton père avant de me jeter dans les achats :

— Tu en penses quoi, toi, du siège auto naissance ?

— Rien… Je suis agnostique sur cette question.

Ton père ne m'aidera pas.

Je dois affronter seule le beau magasin tout blanc de puériculture.

— Qu'est-ce que c'est, ça, monsieur ?

— C'est un transat de bain, ça se plie, c'est indispensable.

— Ben voyons ! Et ça ?

— Un cocoonababy, ça prend la forme du corps du nourrisson, ça empêche qu'il ait la tête plate, c'est indispensable.

— Je vois… Et cette poussette ?

— Indispensable. La Yoyo. Vous avez trois modules, une nacelle jusqu'à six mois, un cosy pour la voiture et la poussette normale.

— Je dois vraiment prendre le truc jusqu'à six mois ? Et si mon bébé est gros ?

— Aucun rapport, pendant six mois les bébés doivent être parfaitement allongés, pour leur colonne vertébrale.

Le vendeur te regarde en biais, prêt à appeler la DASS.

La puériculture : Une vaste entreprise de culpabilisation extrêmement lucrative.

— Le prix de la poussette avec tous les accessoires ?

— 999 euros.

Là tu es à deux doigts de t'étouffer avec le toast d'avocat et l'*açai bowl* que tu viens d'avaler dans le boui-boui *gluten free* adjacent qui va bien avec le décor.

— Vous l'avez en trente-trois coloris. Nous venons de sortir la Ginger et la Parma, regardez !

Là, c'est le coup de foudre, tu serais prêt à débourser 100 000 euros pour avoir la Ginger, elle est délicatement poudrée, je suis sûre qu'elle sent bon, tu ne penses plus qu'à elle.

— Elle ne pèse que 6,6 kilos, vous la repliez d'une main et vous pouvez la prendre en cabine lorsque vous voyagez.

— C'est extraordinaire. J'ai envie de vous laisser un pourboire.

— Commencez déjà par acheter la poussette.

— Je n'ai pas les moyens.

— Monsieur peut-être ?

Oh, le vilain sexiste.

— Il faut que je lui demande.

— Montrez-lui la Ginger, il ne résistera pas.

Et me voilà rentrée à la maison avec la mission, confiée par un vendeur trépané, de convaincre ton père.

— Il faut qu'on s'occupe de la chambre de cet enfant.

— On a encore trois mois avant qu'il n'arrive.

— Il faut qu'on aille chez IKEA pendant le long week-end.

— Rien que l'idée me donne envie de me suicider.

— Tais-toi ! Il va t'entendre… Alors allons dans la boutique de puériculture pour lui prendre une poussette, il faut d'ailleurs que je te parle de quelque chose… Elle est splendide. Couleur Ginger.

— Couleur quoi ?

— Ginger, gingembre en anglais, c'est une poussette que tu as envie de manger tant elle est belle.

— C'est quoi encore, ces conneries ?

— C'est indispensable ! On peut voyager avec, la plier, la mettre sur son dos, ou juste se mettre face à elle et la regarder. Et puis, ça coûte trois fois rien.

— Ma sœur va nous donner sa vieille poussette.

— Mais enfin ! Son fils a vingt-huit ans !

— Et alors, ce qui marchait avant continue à marcher.

— Mais elle est Ginger, merde, t'es bouché ?

— Seulement occupé.

— Alors promets-moi de regarder la Parma ? Y a aussi du bleu pâle, bleu nuit, bleu ciel, bleu indigo, rouge camélia. Je t'envoie le lien.

— J'essaie de lire un manuscrit, là…

— Noire alors, si t'es un gars sinistre qui n'aime pas la couleur.

Ton père ne voulait pas parler de *ça*. Il ne pouvait admettre de faire d'une poussette un sujet de discussion. C'était au-dessus de ses forces.

Qu'à cela ne tienne.

J'ai acheté un arbre à biberons et un goupillon.

J'ai monté la table à langer IKEA et acheté du liniment.

J'ai repassé tes pyjamas.

Ma mère a maladroitement brodé des langes. Je lui ai dit :

— Qu'est-ce que c'est que ça ? On dirait la lettre anonyme d'un corbeau qui essaierait de m'extorquer de l'argent.

J'ai fait ton lit, mis un matelas, un surmatelas, une alèse et un drap propre, par mes propres mains lavé, à la tahitienne, à l'eau de Javel.

— Ah non, m'a dit ma mère, tu vas pas nettoyer les affaires de bébé avec les tiennes !

— Et pourquoi pas ?

— Parce que c'est dégoûtant !

L'obsession de l'hygiène des taudis tropicaux...

— Tu lui as acheté la tétine qui camoufle les médicaments ?

— Tu vas pas t'y mettre aussi, maman !

— Mais c'est indispensable !

L’art de former les hommes

 # Bukowski
La seule chose qui pourrait nous sauver serait d’inventer un nouveau concept, celui d’une universelle et vibratoire éducation, qui engloberait de façon constructive le goût du bonheur, le sens de la réalité et la nécessité du changement, mais qui ne profiterait qu’à nos petits-enfants, à condition qu’ils n’aient pas été, dans l’intervalle, assassinés.

On ne badine pas avec l’avenir de ses enfants, mon chéri. Et l’avenir se prépare de plus en plus tôt. Ce matin, je suis allée me promener sur Internet, où j’ai découvert que l’affectation d’un élève dans une école maternelle ou élémentaire relève de l’enseignement public et obéit donc à la sectorisation scolaire : les élèves sont scolarisés dans l’établissement correspondant à leur lieu de résidence. Puis c’est la carte scolaire qui permet l’affectation d’un élève dans un collège ou un lycée. Des dérogations sont possibles, mais difficiles.

Je me suis rendue sur perimsco.fr, ai entré notre adresse et découvert, la boule au ventre, genre suspense soirée des oscars, où tu serais affecté. École maternelle 30 rue Rodier, école élémentaire 45 rue de La Tour-d'Auvergne, collège Paul-Gauguin, 35 rue Milton. Moi aussi je suis allée au lycée Paul-Gauguin, mais celui de Papeete, Tahiti... De mon temps on allait dans le public, les profs étaient excellents, ascenseur social, République, tout ça fonctionnait encore. En trente ans, l'école a pris un gros coup sur le crâne. Et tous les bobos sont confrontés au même problème. Ça déménage dans des quartiers anciennement craignos. Ça installe des boulangeries sans gluten à la place des kebabs halal. Ça dit « C'est sympa, ici » sur un boulevard face à une salle de shoot. Ça vire les vieux poivrots des PMU pour implanter des bars à vin biodynamique. Bref ça gentrifie à toute blinde. Mais les écoles ne suivent pas. Alors là, ça se rebiffe. Combien d'amis installés près de la halle Pajol ont décidé de « sortir leurs enfants du public ». Pour les faire entrer où ? À la catho, pas le choix. Entre son athéisme et le bonheur de ses mômes, le bobo ne met pas longtemps à trancher. Vive le pape !

— Non, mais tu comprends, ma fille a quatre ans, hier un gamin l'a menacée de la violer si elle jouait pas avec lui... Qu'est-ce que tu veux faire ?

Eh bien, moi, c'est pareil, mon amour. Je suis une bobo, j'achète des ponchos en ligne en écoutant Benjamin Biolay, j'ai fait déménager ton père dans le 9e arrondissement de Paris parce que c'était « sympa », mais si tu te fais racketter à l'école, je brûle le quartier entier, en mode Carrie, bal de promo.

Ton frère et ta sœur ont fait leur scolarité à l'École alsacienne, une marmite de reproduction des élites. La sauce n'a pas pris pour eux. Ils n'y sont pas restés. Ton père lui-même y avait fait sa scolarité. J'avais juré : « Jamais mon fils n'ira dans ce club de l'élite ! » Et maintenant, j'injurie ton père quand il défend le public.

— Moi je veux le meilleur pour mon fils, rien à foutre, je veux l'École alsacienne pour mon fils, tu m'entends, à la rigueur l'école bilingue, mais pas de ces dépotoirs publics ! Mon fils va parler quatre langues à six ans, écrire en latin de la main droite et en grec de la main gauche. Je crache sur tous mes principes !

Et voilà comment, en moins de neuf mois, les hormones de grossesse te font t'asseoir sur tout ce qui ressemblait à une morale de l'éducation publique et laïque.

Mais comprends-moi ! Ton avenir se joue à la maternelle. Il se joue maintenant. Maintenant que tu es dans mon ventre et que tu pèses 600 grammes. Maintenant ! Je me dois de penser déjà aux dérogations, aux inscriptions dans le privé, à la carte scolaire.

Paris est divisé en quatre zones. Nord, sud, est, ouest.

Nous dépendrons du nord. Il faudra que tu entres au lycée Condorcet – 98,1 % de taux de réussite au bac, ou André-Malraux – 97,4 % (comment font-ils leurs calculs ?) de réussite. Passe encore. Mais alors tout ce qui touche la périphérie, ça chute grave. On peut toujours déménager. Ou solliciter les « amis » de ton père. Il me dit :

— Pas question.

Je réponds :

— Le jour venu, tu décrocheras ton téléphone et tu lui obtiendras une place à Henri-IV.

Et voici comment on bascule subrepticement du côté obscur de l'éducation.

La question devrait plutôt être posée en ces termes : Comment vas-tu satisfaire aux nécessités de ton esprit ? De quelles personnes dois-tu rechercher la compagnie ? Comment apprendre à vivre seul ? Comment être heureux avec les autres ? Comment éviter la lèpre de l'âme ?

Au lieu de cela, tu seras le fruit de nos ambitions contrariées et de la fluctuation de nos principes, de nos amours-propres blessés et de nos projections déraisonnables.

Les nouvelles frontières de la Belgique

 # Woody Allen
J'ai été expulsé du lycée pour avoir triché pendant un examen de métaphysique. Je lisais dans les pensées de mon voisin.

Pour ton frère et ta sœur, le benchmarking n'a pas été fait. Ils sont allés à l'école sans que personne n'y réfléchisse, là où ils devaient aller, là où ton père avait été, là où tous les enfants de familles aisées du 6e arrondissement de Paris rêvaient d'aller. Et ça n'a pas fonctionné. Depuis, ils ont quitté le sillage qui avait été tracé pour emprunter la voie des *boîtes à bac* hors de prix et inefficaces.

Depuis quelques semaines, ton père est dans un état de stress post-apocalyptique. Ce n'est pas la saison des prix littéraires. Nous n'avons pas déménagé. Personne n'est mort dans notre entourage. Non. La raison de son agitation est le bac que passe ta sœur, et les partiels que passe ton frère.

Les résultats scolaires. C'est dans ce marasme qu'il fallait aller chercher la source de l'anxiété fébrile de ton papa.

Si l'on voulait prendre du recul et voir le *big picture* on pourrait dessiner un schéma :

Livres / Absence de livres.

Entre ces deux pôles venait se loger le désespoir de ton père.

Ce qui le rendait inconsolable, ce n'était pas l'inadaptation au système scolaire de ton frère et de ta sœur, c'est qu'il avait échoué à leur transmettre l'appétit de la lecture. Il avait privé ses enfants de l'arme la plus efficace pour appréhender le monde. Il les avait laissés nus.

Ton frère encourage toute la maison avec sa jovialité naturelle.

— Le bac, y a zéro problème. Faut y aller au talent… Si moi j'l'ai eu, franchement… tout le monde peut l'avoir.

Ton père n'est pas aussi confiant. Il a embauché une armée de professeurs particuliers pour les aider. Eux s'asseyent et regardent les profs travailler à leur place avec le sentiment de s'épuiser à leur tâche.

Je l'entends lire *Les Faux-Monnayeurs* jusqu'à deux heures du matin à ta sœur qui essaie de le rassurer :

— T'inquiète, t'inquiète… J'ai vu le film.

Quant à ce malheureux Œdipe qui est au programme, on le saccage de part en part.

— Le mec, c'est juste un gros malade, j'ai vu le film de Pasolini, il avait un gros problème… genre, grave.

Que dire de la philosophie dans ces circonstances ?

— J'y connais rien, j'vais faire l'impasse.

— Tu es sûre ?

— Ce serait tellement mieux, genre, si ils nous demandaient pas de connaître les auteurs, genre, on pourrait faire une dissertation avec nos propres idées, ce serait quand même beaucoup plus intéressant…

— Je plains vos profs… Ce sont des saints, mal payés, pour enseigner à des élèves analphabètes qui ne s'intéressent à rien.

— S'ils sont mal payés pour s'ennuyer un peu avec nous, je devrais être mieux payée pour m'ennuyer beaucoup avec eux ! À part mon prof de français que j'adore, ma prof de philo que j'admire, ma prof d'espagnol qui est un ange…

— C'est déjà pas mal…

— Le problème, c'est l'épreuve d'histoire. C'est sûr que c'est la géo qui va tomber cette année alors que ça fait cinq ans que l'histoire tombe. Chuis grave dans la merde. En plus, mon prof est grave méchant.

— Pourquoi ?

— Il nous a demandé d'apprendre la carte de l'Europe.

— Ah oui, en effet, un personnage abject !

— Il m'a tapé la ficha grave. Il nous a rendu la copie et là, genre, il me dit : « Tu es sûre que la Belgique est en France ? » Et là, genre, heureusement, j'ai eu une illumination…

— Une illumination ?

— Je lui ai dit : « C'était une faute d'inattention, monsieur, je sais très bien que la Belgique, c'est en Allemagne. »

La différence d'âge, 3

 # Woody Allen
La vie est une maladie mortelle sexuellement transmissible.

À ce stade, tu peux encore te demander pourquoi je me suis entêtée à faire un enfant avec un homme qui n'en voulait pas, qui ne pouvait pas, trop vieux pour ce voyage. Tu es en droit de me poser cette question : « Maman, pourquoi ? Pourquoi lui ? Pourquoi comme ça ? »

Un jour ou l'autre, tu me demanderas des comptes. Quand il viendra te chercher à l'école, tes copains le prendront pour ton grand-père. Ça te blessera. Tu auras mal. Tu auras honte. Tu le détesteras et moi aussi de ne pas t'avoir donné un père qui ressemble aux autres pères et qui n'est pas ridé comme un sharpei. Ce sera terrible pour toi :

— Il est gentil, ton pépé, de venir te chercher à l'école.

Habitue-toi dès à présent à ce que cette formule provoquera en toi.

Les cours d'école sont des arènes de gladiateurs.

Marche ou crève. Que le plus fort gagne, et toutes sortes de slogans darwiniens.

Le monde est invivable pour les meilleurs d'entre nous : les faibles, les tendres, les petits, les gros, les doux. Tout tend à les briser, à leur casser les dents sur le trottoir du réel.

Ceux qu'on aime ce sont les forts, les *winners*, les solides, tous ceux qui expriment, sous une forme plus ou moins aboutie, le délire de puissance.

À peine né, tu seras pris dans cette nasse des forts et des faibles. Encore une fois, marche ou crève, choisis ton camp, domine ou sois dominé. Les enfants, qui trouvent toujours suffisamment de raisons d'humilier leur prochain, te feront la misère à cause de ton père et ce jour-là, il faudra que tu trouves la bonne manière de prendre la chose.

Jusqu'à présent, je n'ai pas été très précise. Ton père et moi avons vingt-six ans d'écart. Je pourrais te dire que dans cette affaire, la seule chose qui importe, c'est l'amour. Tu auras compris que ce n'est qu'un élément de l'équation, et qu'en aucun cas ça ne saurait suffire. Tous ceux qui affirmeront le contraire sont des menteurs. L'amour n'est pas ce qui finit par triompher, ce n'est qu'un obstacle supplémentaire sur le chemin de la vie. Ces vingt-six années, qui sont une mince affaire eu égard à l'évolution humaine et à la distance qui nous sépare du paléolithique, équivalent en matière amoureuse à deux ou trois siècles. Quand tu entreras à l'école, ton père fêtera ses soixante ans, quand tu entreras à l'université, il en aura soixante-quinze.

Alors voilà, j'ai une explication toute simple pour toi.

J'ai cherché et trouvé le meilleur homme sur terre ; j'ai décidé de faire de lui ton père.

Et si ça, ça ne s'appelle pas du bon sens !

Je ne suis pas le premier amour de ton père, mais je serai probablement le dernier. Et si l'on fait partout les choux gras de la nouveauté, on ne parle pas assez du bout du bout et de combien il est important de soigner sa sortie.

Nous nous amusons beaucoup de sa mort à venir pour conjurer la tristesse qui m'attend, qui nous attend. Je lui dis souvent, au beau milieu du dîner :

— Tu vas tellement me manquer.

— Quand ? Je ne vais nulle part.

— Quand tu seras mort…

— J'y ai pensé… Le mieux, ce serait que je meure assez vite, d'ici cinq ou huit ans. Tu porterais le deuil un ou deux mois et tu te recaserais, tu seras toujours magnifique, les hommes feront encore n'importe quoi pour toi.

— Oui, l'ennuyeux, c'est si tu meurs dans trente ans. Je serai sur le déclin, plus personne ne voudra de moi, je finirai ma vie dans la misère et la solitude.

— Le plus tôt sera le mieux !

Mais c'est surtout toi qui pâtiras de sa mort. Pour une raison très simple, tu seras bloqué avec moi, ton seul référent sera cet être dénué de sens pratique, de morale et de clairvoyance.

Car je serai le dernier amour de ton père, mais je serai ton premier amour. Nous voilà donc pris en étau entre le premier et le dernier amour.

Entre la vie et la mort.

Ta vie, qui va bientôt commencer, et la mort de ton père qui arrivera trop tôt.

Et si je sais déjà que je serai incapable de t'épargner le chagrin et la violence, je peux te faire la promesse de t'aimer et de te chérir jusqu'à ce que la mort nous sépare. Et si quelqu'un voit quelque raison de s'opposer à cet amour, qu'il le dise maintenant ou qu'il se taise à jamais.

Les merguez et autres happy ends

 # Sacha Guitry
Acceptez-vous d'être ma première femme ?

Mon amour, si tu me laisses aller sur ma pente naturelle, je peux vite devenir sinistre. Mais pas maintenant ! Pas quand tu t'apprêtes à venir au monde.

Revenons aux fondamentaux du bonheur.

Comme toutes les meilleures scènes, celle-ci se déroule devant un plat de saucisses.

C'est un soir comme les autres, je suis affamée, et nous nous arrêtons dans un restaurant du quartier que j'aime beaucoup, Merguez & Pastrami. Le patron est moitié ashkénaze, moitié séfarade et il a décidé d'unir deux traditions culinaires. On y trouve des bricks et du corned-beef, des sandwichs, des falafels, des sauces de toutes les couleurs.

Toi aussi, on devrait peut-être t'appeler Merguez & Pastrami. Ça présenterait le double intérêt d'être original et précis.

Bref, je commande les merguez bien grillées et ton père me dit :

— Il faut que tu me dises quand tes parents et tes sœurs seront là, au moment de la naissance.

— Oui, je te dirai.

— Une date précise !

— Pourquoi ?

— Eh bien… pour organiser notre mariage.

Voilà à quoi ressemble la demande de ton père.

La scène est idyllique. Vapeur de merguez. Pain de shabbat. Lumière tamisée. Les yeux qui picotent à cause de la harissa. Ce que le romantisme allemand a baptisé « un moment parfait ». Comment refuser ?

— Ah ? OK ! Bah, on verra.

— Enfin, si tu veux, hein ?!

— D'accord. Mais pourquoi ? Je croyais que tu préférais te crever les yeux plutôt que de te remarier ?

— C'est mieux pour toi, pour te mettre à l'abri, je dois prévoir l'après.

— Ah d'accord, rien à voir avec l'amour ?

— Rien, évidemment. L'amour nous dicterait de ne pas nous marier. Je te parle de sécurité.

— Tu sais parler aux femmes.

— Ne fais pas l'enfant.

Une telle passion te laisse songeur.

Je te comprends : moi aussi.

J'y ai songé, ai réfléchi à une date, mais ton père s'est laissé rattraper par sa hantise de l'anneau autour du doigt. Après quelques jours, je lui dis :

— Octobre, ce serait pas mal.

— Pour quoi faire ?

— Bah pour… tu sais… le ma…

— Octobre ? Tu es folle ? Il fait froid, c'est l'hiver, l'enfant aura un mois, on n'aura pas dormi depuis des semaines, c'est la veille des prix littéraires, la Foire du livre de Francfort…

— Mais c'est le moment où tout le monde sera là.

— Ah, non, non, c'est pas possible, je peux pas…

— Tu es vraiment un type étrange.

— Lâche un peu la pression !

Lâcher la pression ? Parce que j'avais osé donner une date ?

— Tu sais quoi, laisse tomber, on va pas se marier.

— Si !

— J'avais une vision romantique de l'amour et tu l'as terrassée méticuleusement depuis qu'on se connaît.

— Ah non, mais ça va, calme-toi !

— Mais je t'ai rien demandé, moi j'en ai rien à foutre de me marier.

— Mais c'est important pour toi.

— On ne va pas se marier, je n'ai aucune envie de me marier, encore moins avec toi, je n'ai aucune intention d'abandonner mon nom, ni d'être la femme de quelqu'un, et si ce quelqu'un était un autre, peut-être, mais là, vu que c'est toi, non merci, ça m'intéresse pas.

— Voilà, tu t'emportes pour un rien…

— Je ne m'emporte pas. Je refuse ta proposition.

— Bon, de toute façon, octobre ce n'est pas une date !

Voilà donc comment ton père et moi, galvanisés par ta naissance à venir, ne nous sommes pas mariés.

Il faut décidément choisir entre le grand amour et le grand humour.

La lourde tâche de nommer les choses

 # Groucho Marx
Il vaut mieux donner à son fils le nom d'un chanteur vivant que d'un général mort.

— Tu vas voir, il va nous faire le coup de naître le 15 août !

— Ah non, je n'ai pas envie d'accoucher dans les embouteillages.

— Tu devrais pourtant t'y préparer. Conçu un 25 décembre et né un 15 août, on pourrait l'appeler Férié.

Ah, nous y voilà, comment t'appeler ? Le nom, le prénom, l'appellation d'origine incontrôlée. Ton père, qui est un être tout ce qu'il y a de plus rationnel et raisonnable, déraille :

— Zabriskie !

— Zabriskie ?

— Oui !

— Tu te moques de moi ? Ce n'est pas un prénom.

— Non, mais c'est magnifique, *Zabriskie Point*. Tu n'aimes pas Antonioni ?

— Laisse Antonioni en dehors de ça !

Puis il soumet à son ami Denis : « Isaac ou Saül ? »

Réponse immédiate de Denis : « Autant lui prendre un coupe-file pour le Vél' d'Hiv ! »

À ton parrain Dan, il propose : « Amos ? »

Réponse de Dan : « Ça veut dire "celui qui porte le fardeau", vous voulez vraiment lui faire ça ? »

Alors nous cessons de consulter et nous nous mettons d'accord tous les deux sur Abel.

Oublions un instant que le meurtre d'Abel par Caïn constitue le premier assassinat de l'Histoire. En hébreu, Abel signifie « la buée », « le souffle ». Selon le Talmud, « le monde ne se maintient que par le souffle des enfants qui étudient ». Voilà qui devrait faire l'unanimité.

Pour les autres prénoms, ton père se pose la question en termes de généalogie :

— Tu dois rendre hommage à ton papa. On doit absolument mettre Gil, quelque part.

— Alors on doit aussi l'appeler Simon, comme le tien. Et là, franchement, c'est lourd, les cases des documents officiels n'y suffiront pas…

— Ton père ne comprendra pas qu'on ne l'appelle pas Gil…

— Mais non, il s'en fout, je le connais, il ne se formalise pas pour ce genre de choses !

J'appelle quand même ton grand-père pour vérifier ce que j'avance :

— Papa, tu te moques de savoir si on appelle cet enfant Gil, non ?

Silence de mort.

— Tu fais comme tu veux, finit-il par rétorquer d'une voix glaciale en s'éloignant du téléphone, pendant que ma mère pousse l'avantage :

— Et moi dans tout ça ? Tu ne vas pas lui donner un prénom tahitien ?

Je suis au bord de l'incident diplomatique, je dois trouver une parade :

— C'est comme vous voulez, soit un prénom tahitien, soit Gil Simon, soit Simon Gil, en hommage à ses deux grands-pères. Mais je ne peux satisfaire toutes les lignées.

Après un long silence, mon père s'empare du téléphone, la voix ragaillardie :

— Tu fais comme tu veux, chérie, mais la vérité, Gil Simon, c'est joli !

Où nous nous quittons

 # Groucho Marx
Je suis parti de rien pour arriver nulle part.

Cette plaisanterie a assez duré ! Voici venue l'heure de te mettre au monde. Pardonne-moi si le trajet qui mène du rien au tout t'a semblé long. Il fallait bien que je passe en revue quelques « scènes de la vie amoureuse ». Mais nous y voilà ! L'instant de la séparation, qui sera aussi celui de notre rencontre, approche. Ce serait le moment ou jamais de trousser une conclusion, afin que tu puisses tirer les enseignements de cette plongée angoissante dans la psyché de ta mère. N'oublie pas que je ne fais ça que pour toi. Cette impudeur…

La morale de l'histoire ? Ça commence en déjeuner raté et ça finit en césarienne.

Dans quelques heures, dans quelques jours, tu seras parmi nous.

On me fera une péridurale. On m'ouvrira en deux par le ventre ou en trois par le sexe. On fera l'espace nécessaire à ta sortie, on déroulera le tapis rouge pour ton entrée dans le monde.

Peut-être que tout ce qu'on raconte est vrai.

Je vivrai dans la folie.

Je t'aimerai tellement que la tentation sera grande de réécrire l'histoire.

J'oublierai les mois d'incontinence et de sciatique.

Grâce à l'alcool, j'oublierai le manque d'alcool.

J'oublierai le conjectural pour tomber dans l'inconditionnel.

Tout prendra son sens et rentrera dans l'ordre.

Tu seras tout pour moi, je donnerai ma vie pour toi, je t'aimerai quel que tu sois, à jamais.

Tu seras ma chair et mon sang.

Je te donnerai le souffle et ton souffle portera le monde.

On t'arrachera à mes entrailles comme un petit animal ensanglanté et on te posera sur mon ventre. Tandis que ta respiration se réglera sur les battements de mon cœur, le lien qui nous unit sera coupé. Je me pencherai vers toi pour te regarder.

Tu seras né.

Table

Avertissement 9

Cupidon 13
En haut des escaliers 19
En double-aveugle 23
La différence d'âge, 1 27
La première fois 35
Le musc ravageur et autres effluves du passé 39
Récréation, est-ce que j'ai une gueule
de récréation ? 43
La vieille maîtresse 49
Sous le soleil de Satan 53
L'amour au temps du chikungunya 57
J't'aime 63
De la sueur, du sang et des larmes 69
Un anniversaire à Auschwitz 75
Lots of love 79
L'inconscient pour les bourges 85
De la blennorragie en milieux tempérés 91
Qui mieux que nous ? 97
Plutôt mourir ! 103
Le déclin du sperme humain 107

Le miracle de Noël 111
In utero 115
Tu seras une femme, mon fils ! 121
Les lamentations du prépuce 127
Vierge à tout prix 133
La différence d'âge, 2 135
Qu'est-ce que vous faites dans la vie ? 141
Des conséquences alcoolisées de l'ennui 147
Une mère célèbre 151
Péri, césa et autres abréviations thérapeutiques ... 157
Des goûts simples 163
Une bonne éducation 167
Contrairement à ce que pensent mes sœurs… 171
On n'est pas la famille Martin ! 175
Le condiment de la discorde 181
L'affaire Milan Kundera 187
Le lièvre voyeur 195
C'est indispensable ! 199
L'art de former les hommes 205
Les nouvelles frontières de la Belgique 209
La différence d'âge, 3 213
Les merguez et autres happy ends 217
La lourde tâche de nommer les choses 221
Où nous nous quittons 225

pca
cmb
édition pré-presse
livres numériques

44400 Rezé

Imprimé en France par CPI
en novembre 2017

N° d'édition : 56574/01
N° d'impression : 2033510